Alles Gute von Manfred Schmidt

Neue heitere Geschichten

Stalling

1970

Schutzumschlag- und Einbandentwurf von Gerhard M. Hotop
Gesamtherstellung Clausen & Bosse, Leck/Schleswig
Gesetzt aus der Linotype-Garamond · Printed in Germany
ISBN 3 7979 1638 8

Inhalt

Ein Leben für den Strich

Als am 15. April 1913 die Morgenzeitung durch den Briefkastenschlitz der Haustür meines Elternhauses fiel, ertönte mein erster Schrei. Das gleichzeitige Eintreffen von Morgenzeitung und Stammhalter konnte nur die schlimme Vorbedeutung haben: Dieses Kind gehört der Presse. Auch meine ausnehmend großen, im rechten Winkel vom Kopf abstehenden Ohren deuteten darauf hin. Sie sollen nach Äußerungen meiner Mutter im Gegenlicht der Morgensonne wie zwei Backbordlaternen geleuchtet haben. Gegen diesen kleinen Schönheitsfehler wendete sie ein altbewährtes Hausmittel an, und zwar sofort, sozusagen am ganz jungen Holze:

Die Ohren wurden mittels eines Bändchens, das Mutter über dem Scheitel verknotete, dicht an den Kopf gepreßt. Der Knoten wurde erst wenige Wochen später gelöst, und zwar in einem kleinen Festakt mit Kaffeekränzchen, zu dem alle meine Tanten und die Freunde des Hauses erschienen. Glaubwürdige Augen- und Ohrenzeugen beschwören, daß im Augenblick des Knotenlösens ein deutlicher Pfiff hörbar war, mit dem die Ohren wieder in ihre gottgewollte abstehende Stellung sausten. Und da stehen sie heute noch.

Mein journalistischer Werdegang begann im zarten Alter von vier Jahren. Ich kritzelte auf jedes erreichbare Stück Papier primitive Strichmännchen und diktierte dazu meiner Mutter ausführliche Texte, die sie in Form von »Sprechblasen« den Figuren aus dem Munde quellen lassen mußte, denn schreiben konnte ich noch nicht.

Wir wohnten zwischen einem Krankenhaus und einem Friedhof. Der rege Verkehr zwischen diesen beiden Einrichtungen ließ schon frühzeitig ein tiefes Mißtrauen gegen die ärztliche Kunst in mir erwachen. Da ich aus meinem Fenster fast nur Leichenwagen sah mit schwarzverhängten Pferden davor und ebenso schwarz gekleideten Leidtragenden dahinter, zeichnete ich immer wieder Leichenzüge. Mein Farbensinn verkümmerte, und ich mußte mich zeit meines Lebens auf die presseübliche Schwarz-Weiß-Technik beschränken.

An schönen Nachmittagen wurde ich mit einem Hausmädchen namens Marie spazieren geschickt. (An ihr war eine Bartdame verloren gegangen, sie mußte sich täglich rasieren.) Meine Mutter vermutete uns in der ozonreichen Luft der städtischen Parkanlagen. In Wirklichkeit besuchten wir aber regelmäßig Mariechens Mutter an ihrem Arbeitsplatz. Die wackere Frau betreute in den rückwärtigen Räumen eines Konzert-Cafés die sanitären Anlagen. Dort verplauderte Mariechen den Nachmittag, während ich den Besuchern kleine Handtücher von einem sauber aufgeschichteten Stapel zureichte. Staunend beobachtete ich, wie es Zehn-Pfennig-Stücke auf eine bereitgestellte Untertasse regnete. Hier wurde mein materialistisches Denken geweckt, und die Berufswahl hätte mir zu diesem Zeitpunkt nicht die geringsten Schwierigkeiten bereitet.

Als meiner Mutter eines Tages auffiel, daß ihr Sohn auch bei strahlender Sommersonne bläßlich heimkam, brach ich das Mariechen gegebene Schweigeversprechen und gestand das Ziel unserer Spaziergänge. Da war es aus mit den lehrreichen und musikalisch untermalten Nachmittagsbesuchen in weißgekachelten Räumen.

Von nun an führte meine Mutter mich selber spazieren oder vertraute mich einer lieben, aber etwas skurrilen Tante an. Diese gern vom Jenseits sprechende Dame führte mich regelmäßig zum Friedhof. Dort nahm sie auf der kleinen Bank an unserer Familiengrabstätte Platz und sprach über das Ableben sowie über die Vorteile gerade dieses Friedhofes: »Wie froh können wir sein, mein Junge, daß wir ein Grab auf einem so schön trockenen Friedhof haben ... die meisten Friedhöfe haben nämlich Grundwasser, und das ist ein ganz übles Liegen! Da kann man sich nur einäschern lassen – in der Urne merkt man die Feuchtigkeit nicht.«

Der ständige Umgang mit dieser um posthume Trockenheit ernstlich besorgten Tante blieb für meine spätere Denkweise nicht ohne Folgen.

Zweimal monatlich durfte ich ein Eimerchen, eine Scheuerbürste sowie eine Büchse Putzpulver mitnehmen und den Grabstein auf Hochglanz bringen. Die Tante lehrte mich, mit einem kleinen Hölzchen den eingemeißelten Familiennamen sauberzukratzen.

Die ersten Anzeichen einer Art Humor zeigten sich, als ich mit fünf Jahren die umliegenden Postbriefkästen sorgfältig mit Schnee füllte und so die Korrespondenz mehrerer Straßenzüge unleserlich machte.

Diese harmlosen Freuden nahmen ein Ende, als die Schulzeit begann. Ich wurde ein fleißiger »O-Füller«, das heißt, ich malte in alle großen »O«-s der Lehrbücher Gesichter hinein, und wenn es der Platz erlaubte, auch noch die rundliche Figur der Lehrerin dazu. Ich belebte sozusagen den Lehrstoff. Leider hatte der betreffende Lehrkörper meist wenig Verständnis für solchen Buchschmuck. Immer wieder zwang man mich, das liebevoll Geschaffene wegzuradieren. Dadurch entstand in meiner Kinder-Psyche das, was man heute Frustration nennt. Sie führte dazu, daß ich noch heute beim Zeichnen ein schlechtes Gewissen habe.

Dem Unterricht folgte ich mit nur schwachem Interesse, nahm aber sehr fleißig an der kostenlosen Schulspeisung teil, wo es Schokoladenpudding und Weißbrot gab. Deutschland hatte gerade den ersten Weltkrieg verloren. Die USA schickten viele mit Kakaopulver und Weizenmehl beladene Versorgungsschiffe, damit die Schulkinder was zu essen hatten. So fütterten die Amerikaner in selbstloser Weise eine Generation von Knaben hoch, die ihnen eines Tages noch schwer zu schaffen machen sollte. Ein Beispiel dafür ist folgende kleine Geschichte, die sich über zwanzig Jahre erstreckt, aber in wenigen Zeilen die Zweischneidigkeit allen irdischen Tuns und Treibens klar zutage treten läßt:

Bei den Schulspeisungen löffelte täglich neben mir ein schmächtiges Bürschchen namens Reinhard Hardegen Unmengen Schokoladenpudding in sich hinein und gedieh dank der US-Versorgungsschiffe prächtig. Zwanzig Jahre später, mitten im Zweiten Weltkrieg, hörte ich aus dem »Volksempfänger« die von pathetischen Fanfarenklängen umrahmte Sondermeldung: »Kapitänleutnant Reinhard Hardegen versenkte mit seinem U-Boot vor New York drei amerikanische Versorgungsschiffe.«

Vielleicht waren es sogar dieselben Schiffe, die ihm einst das Kakaopulver für seinen Quäker-Schokoladenpudding heranschafften.

Das ist eine der lehrreichsten und komischsten Geschichten, die ich kenne.

Meine nationalen Instinkte, die später so traurig verkümmern sollten, wurden nach Absolvierung von drei Vorschuljahren kräftig geweckt. Auf dem Gymnasium versicherte der Lateinlehrer uns aufnahmebereiten Knaben immer wieder, wie süß und ehrenvoll es sei, für das Vaterland zu sterben. Im Geschichtsunterricht jagte ein sterbender Held den anderen, um uns

als Vorbild hingestellt zu werden. Die Deutschstunde träufelte uns mit Sprüchen wie »Das Leben ist der Güter höchstes nicht« ein gerüttelt Maß an Wehrfreude ins Hirn. Und der Turnlehrer krönte alle diese Bemühungen, indem er uns im Gleichschritt und mit gewehrmäßig geschultertem Turnstab um den Schulhof marschieren ließ, wobei wir singen mußten: »Siegreich woll'n wir Frankreich schlagen, sterben als ein tapf-rer He-he-he-held!«

So liebevoll und systematisch zum Sterben angeleitet, stolperte ich kopfüber in die kurze, aber heftige »nationale« Periode meines künstlerischen Schaffens. Nach Vorlagen aus dem »Deutschen Knabenbuch« entstanden in rascher Folge mehrere Blätter »Unser Hindenburg« mit sorgfältig gestrichelter Bürstenfrisur sowie die umseitig abgebildete Darstellung aus dem Seekrieg, deren Reiz in der völligen Mißachtung aller

Gesetze der Schwerkraft besteht: Die sich zum Sterben anschickenden Matrosen stehen im rechten Winkel zum steilaufragenden Deck des tödlich getroffenen Panzerkreuzers.

Anläßlich eines der damals besonders häufigen Wahlkämpfe verteilte ich Flugblätter der »Deutschnationalen Partei« in Hausbriefkästen, ehrenamtlich natürlich. Auf den schwarz-weiß-rot gedruckten Zetteln stand der aufrüttelnde Satz: »Ein Schuft, der je die Schmach vergißt – die an des Deutschen Seele frißt!«

Damit war der verlorene Krieg gemeint.

Als die Hälfte meines dicken Flugblattpaketes bereits verteilt war, stieß ich auf eine Gruppe gleichaltriger, aber andersgesinnter bzw. anders informierter Knaben und wurde fürchterlich verhauen. Mit Recht, wie ich erst viele Jahre später begriff.

Meine nationale Schaffensperiode brach schlagartig

ab, als unsere Klasse einen neuen Zeichenlehrer bekam. Der hatte den Weltkrieg vom ersten bis zum letzten Tag mitgemacht, war aber trotzdem überzeugter Pazifist geworden. Seine plastischen Schilderungen aus Schützengräben und Lazaretten widerlegten immer wieder die uns von den anderen Lehrern im Latein-, Geschichts- und Deutschunterricht garantierte Süße des Sterbens fürs Vaterland.

Statt heldischer Szenen zeichnete ich nun Witze, oder vielmehr das, was ich dafür hielt. Ich machte sie nicht etwa selber, sondern entnahm die Texte dem Werk »Olala! Schwänke und Schnurren«, das in der geschlossenen Abteilung des elterlichen Bücherschrankes ein verborgenes Dasein fristete.

Als ich vierzehn Jahre alt war, druckten die »Bremer Nachrichten« einen solchen von mir gezeichneten und postalisch übermittelten »Witz« ab, wahrscheinlich durch das Versehen eines Redaktionsboten. Es war der stolzeste Tag meines Lebens. Ich war der festen Überzeugung, daß man an diesem Tage in Bremen von nichts anderem redete als dem neuen Karikaturisten, dessen voll ausgeschriebener Name das untere Drittel der Zeichnung ausfüllte.

Ich zeichnete und zeichnete, was auf meine Leistungen in der Schule nicht ohne Folgen blieb. Nebenher erlernte ich auch noch das Saxophonspiel, meine Zensuren wurden immer schlechter, im Deutschen landete ich sogar auf der Note »Völlig ungenügend«, was manche meiner Leser nicht weiter verwundern wird.

Nach mühsam bestandener Abschlußprüfung stand ich vor der sehr schwierigen Berufswahl. Zur Debatte standen: Zeichenlehrer (wegen der Pensionsberechtigung), Musiker (ich war Mitglied des weithin gefürchteten Amateur-Jazz-Orchester »The great Eight«), Pfarrer (weil es da Stipendien gab), Zahnarzt (weil meine Mutter gerade eine haushohe Dentistenrechnung bekommen hatte) oder Filmregisseur (weil ich mich gerne wichtig machte).

Letzteres gab dann den Ausschlag. Ich ging nach Berlin und schleppte als Volontär in den Film-Ateliers Kameras und andere schwere Geräte hin und her. Das Salär war so bescheiden, daß der Hunger mir den Zeichenstift wieder in die Hand trieb. Und da blieb er dann, zumal ich bald merkte, daß ein Bleistift sich viel leichter trägt als Filmgeräte oder dicke Drehbücher.

Die einzige Ausbildung, die ich je genoß, war die militärische. Diese aber besonders gründlich. Sie wurde mir im Zweiten Weltkrieg auf dem Eberswalder Kasernenhof und im umliegenden Freigelände zuteil, um dann jahrelang an mehreren Fronten ziemlich erfolglos angewendet zu werden.

Immerhin bin ich stolz darauf, daß ich als wohl einziger Soldat der großdeutschen Wehrmacht den Vermerk im Soldbuch stehen hatte: »Der Schütze Schmidt ist berechtigt, beim Grüßen das linke Auge zuzukneifen.« Und das kam so:

Nach vierzehntägiger Ausbildung im vorschriftsmäßigen militärischen Grüßen ging ich an meinem ersten Urlaubstag im schlechtsitzenden Ehrenkleid die Berliner Friedrichstraße entlang. Da kam mir ein junger Leutnant entgegen. Ich erfüllte meine eingedrillte Grußpflicht mittels einer einwandfreien, strammen und von innerer Wehrfreude durchleuchteten Blickwendung. Der ranghohe Jüngling blieb wie angewurzelt stehen und brüllte mich an:

»Warum zwinkern Sie mir zu? Bin ich 'ne Nutte?«

Bei mir schließt sich nämlich automatisch das linke Auge, wenn ich bei Sonnenschein scharf irgendwo hingucke.

Mit Händen an der Hosennaht sagte ich im gepflegtesten Kommißdeutsch:

»Bitte Herrn Leutnant melden dürfen können zu wollen, daß ich unter einem ochialen Reflex leide, der das linke Auge schließt, wenn ich eine scharfe Blickwendung mache.«

Der Leutnant schluckte kurz und schnarrte: »Lassen Sie sich das vom Truppenarzt im Soldbuch bescheinigen!«

Nichts tat ich lieber. Am nächsten Morgen meldete ich mich beim zuständigen Unterarzt (so lautete der offizielle Titel der militärischen Klippschüler Äskulaps) und brachte in strammer Haltung mein Anliegen vor:

»Schütze Schmidt bittet um Eintragung ins Soldbuch, daß er befugt ist, beim Grüßen das linke Auge zuzukneifen!«

Der Unterarzt lief rot an. Aber nachdem ich ihm die Gründe dargelegt hatte, schrieb er die Augen-Zukneif-Befugnis ins Soldbuch, drückte den Dienststempel drauf und entließ mich, wobei er nervös mit dem linken Auge zwinkerte.

Leider hat nie wieder ein von mir mit zugekniffenem linken Auge gegrüßter Offizier daran Anstoß genommen. Ich hätte zu gern mal meine hübsche Eintragung vorgewiesen.

Man tat beim Militär alles, um meine längst verschüttete Wehrfreude wieder zu wecken. Aber sie wachte trotz vierjähriger Dienstzeit nicht mehr auf. Mein angeborener Widerwille gegen alle hastigen Bewegungen und die unglückliche Veranlagung, keine mir unbekannten Menschen umbringen zu können (bei manchen, die ich kannte, wäre es eventuell gegangen), standen einer erfolgreichen soldatischen Laufbahn im Wege.

Ich wurde an mehrere Fronten geworfen, wo jeweils nach meinem Eintreffen der Rückzug begann. Leute, die mich kennen, vermuten da einen direkten Zusammenhang.

Im sogenannten »Napoleon-Gedächtnisrennen« quer durch Rußland war ich einer der Schnellsten. Zwischendurch zeichnete ich Soldatenwitze für die ebenfalls ständig auf der Flucht befindliche Frontzeitung »Panzer voran!«, deren Titel auch nach eintausendfünfhundert Kilometer Rückzug beibehalten wurde.

Ausdrücklich möchte ich darauf hinweisen, daß ich nie in Norwegen Dienst tat. Dort muß nämlich ein Soldat namens Manfred Schmidt große Erfolge bei der einheimischen Damenwelt gehabt haben: Schon viermal bekam ich nach dem Kriege zärtliche Briefe aus Norwegen, drei davon mit beigelegten Kinderbildern.

Die bestens ausgerüsteten Armeen vieler Länder setzten alles daran, mich irgendwohin zu treffen. Unversehrt, wenn auch unbefördert und sogar undekoriert ging ich aus dem Kriege hervor. Das erstere war mir das Wichtigste, obgleich böse Zungen behaupten, das Letztere sei der Grund für meinen strammen, unheilbaren Anti-Militarismus.

Dem zivilen Leben wiedergegeben, begann ich noch einmal da, wo ich im zarten Alter von sechs Jahren aufgehört hatte: Mit dem Zeichnen von Figuren, denen Textblasen aus dem Munde kamen. Meinem gemarterten Hirn entsprang der messerscharf kombinierende, knallhart zuschlagende und warmherzig fühlende Meisterdetektiv Nick Knatterton. Die Anregung dazu gaben die amerikanischen Bildergeschichten vom »Superman«, wo den handelnden Personen Texte aus Mund, Ohren oder Stirn quollen, je nachdem, ob sie etwas sagten, hörten oder gar dachten.

Diese für Analphabeten geschaffene, primitivste aller Erzählungsformen wollte ich mit dem Knatterton-Strip so gründlich parodieren und lächerlich machen, daß den Leuten die Lust an der blasenreichen Stumpfsinns-Literatur verging.

Selten ist mir eine gute Absicht so total danebengegangen: Durch Knatterton bekamen die Leser erst richtig Appetit auf Bildergeschichten und verschlangen immer mehr von dem Zeug. Daß es eine Parodie sein sollte, schluckten die wenigsten.

Bald gab es Knatterton-Puppen, Knatterton-Masken, Knatterton-Spiele, Knatterton-Malbücher, Knatterton-Schnaps, Knatterton-Apfelsinen und vieles andere. Ja, sogar dem Wesen Knattertons völlig fremde Dinge wie Waschlappen wurden mit seinem scharfkantigen Antlitz geziert.

Auch in fremden Ländern wurde Nick Knatterton fleißig nachgedruckt, hin und wieder allerdings in etwas abgewandelten Formen: In der holländischen Fassung des konfessionell gebundenen Amsterdamer »Volkskrant« mußten die meist mit prallen Rundungen gezeichneten Damen ihre Busen auf dem Altar der Sittenstrenge opfern. Ein eigens für diesen Zweck engagierter Grafiker hatte auf meinen Zeichnungen rund zehntausend Busen zu reduzieren oder ganz zu entfernen, worauf er nachts schlimme Sachen träumte und einen Psychiater aufsuchen mußte.

Bei der türkischen Zeitung »Millyet« tat man genau das Gegenteil und ließ von einem einheimischen Künstler die Oberweiten und Popos gewaltig ausbauen, um der orientalischen Geschmacksrichtung entgegenzukommen.

In den Ostblockstaaten änderte man nichts an meinen Figuren, zahlte aber keine Tantiemen, und das empfand ich viel schmerzhafter als das in Holland verübte Busen-Abschneiden.

Zehn Jahre lang kombinierte, kalauerte, boxte, schoß und liebte sich der großkarierte, spitzköpfige Meisterdetektiv durch die Spalten der Presse. Jede Woche kam ich mit der nächstfälligen Fortsetzung schwerer nieder und grübelte verzweifelt über meinem Zeichenbrett, was dem Knatterton noch passieren konnte: Blumen, die explodierten, Sessel, aus denen verborgene Betäubungsspritzen ins Gesäß des Einsitzenden piekten, künstliche Zeigefinger mit eingebautem Pistolenlauf, starkstromgeladene Türklinken, nachgebende Treppen, abbrechende Balkons, das ganze Klamotten-Arsenal der Stummfilm-Grotesken hatte ich schon restlos ausgeschöpft.

Das dauernde Denken an furchtbare Dinge, die passieren könnten, machte mich zu einem Nervenbündel. Schon von Natur aus ängstlich, ja sogar feige, witterte ich bald überall nur noch Unheil. Nachts kamen schwere Albträume über mich, und als Knatterton ins elfte Jahr gehen sollte, war ich in Umkehrung der Verhältnisse von ihm gezeichnet. Da habe ich ihn eigenhändig und gegen den Willen des Publikums umgebracht.

Um ganz was anderes zu machen, ging ich auf Reisen und schrieb darüber. Daraus sind nun inzwischen neun Bücher geworden, und dieses ist das achte. Die gleichzeitige Benutzung von Zeichenstift und Schreibmaschine veranlaßte einen lieben, aber ungenannt bleiben wollenden Freund zu der Bemerkung: »Der Schmidt ist eine echte Doppelbegabung: Er kann nicht schreiben, und er kann nicht zeichnen!«

Wie recht er hat. Aber ich muß es tun, denn außer dem Saxophonspiel und dem Bedienen eines Maschinengewehrs habe ich nichts Vernünftiges gelernt.

Zwischen Hofbräuhaus und Harem
Der Orient-Express

Es gibt ihn immer noch, den legendären »Orient-Expreß« von Paris nach Istanbul. Einst war er der feudalste Eisenbahnzug des Kontinents und ging als Schauplatz spannungsgeladener Spionage-Romane in Literatur und Film ein. In seinem luxuriösen Speisewagen, auf den teppichbelegten Gängen und in den schwellenden Polstern der mahagoni-getäfelten Schlafabteile spannen, wenn man den Berichten glauben darf, schöne Spioninnen ihre Fäden zu den im Zug stets reichlich vertretenen Geheimnisträgern des gehobenen diplomatischen Dienstes. Waffenhändler, inkognito reisende Monarchen und die Könige der internationalen Hotel- und Taschendiebe schlürften im Orient-Expreß Champagner und löffelten Kaviar.

Als das Gerücht umging, der Orient-Expreß solle in Anbetracht des Düsen-Zeitalters eingestellt werden, konnte ich der Versuchung nicht widerstehen, einmal mit ihm zu fahren und gleichzeitig Abschied zu nehmen vom berühmtesten Zug der europäischen Eisenbahngeschichte.

Als ich mich inmitten eines Pulks heimkehrender türkischer Gastarbeiter durch die Sperre des Münchner Hauptbahnhofes schob, dröhnte aus den Bahnsteiglautsprechern die Durchsage: »Bitte sofort ein Schlosser nach Gleis 15!« Wenige Sekunden später: »Sofort ein Elektriker nach Gleis 15!« Und gleich darauf als logischer Abschluß: »Ein Aufsichtsbeamter zum Gleis 15!«

Auf Gleis 15 stand nämlich der Orient-Expreß, dem die europäischen Staatsbahnen nicht gerade ihr bestes rollendes Material anvertrauen, und dafür haben sie ihre Gründe. Zwischen grauen, drittklassigen Waggons 2. Klasse französischer, bundesdeutscher, jugoslawischer, bulgarischer und rumänischer Provenienz prangte ein himmelblauer Schlafwagen mit dem von goldenen Löwen gehaltenen Wappen der »Compagnie internationale des wagons-lits«. An seiner Unterseite tropfte er bedenklich und ließ den maroden Treibriemen der antiken Lichtmaschine lustlos und stark beschädigt auf die Schienen hängen.

Mit gemischten Gefühlen bestieg ich den Waggon, der seine Glanzzeit noch vor dem Ersten Weltkrieg erlebt haben mochte. Der fast ebenso alte Schlafwagenschaffner führte mich zu meinem Abteil, an dessen Tür ein Schild in vier Sprachen darauf aufmerksam machte, daß die »Compagnie internationale« für Diebstähle nicht aufkommt. Das ist kein feiner Zug.

Während unter meinem Bett bzw. unter dem Waggon und den Augen des Aufsichtsbeamten ein Schlosser, ein Elektriker und ein Achsenklopfer sich an der Lichtmaschine zu schaffen machten und verschiedene Diagnosen stellten, stürmten Gastarbeiter aller Balkan-Nationen die benachbarten Waggons letzter Klasse. Jeder Heimkehrer schleppte außer zwei riesigen, von Bindfäden mühsam zusammengehaltenen Koffern noch mindestens ein Dutzend Bündel, Einkaufsnetze und

Plastik-Tragetaschen, deren grellbunte Werbe-Aufdrucke weit hinten in der Türkei zum Besuch westdeutscher Kaufhäuser auffordern sollten.

Kurz vor der Abfahrt gab es auf dem Bahnsteig Tränen, Umarmungen und Küsse, die allerdings vornehmlich unter Männern ausgetauscht wurden. Nur einige wenige zurückbleibende Mädchen brachten ihre schwarzgelockte Balkan-Romanze zum Zug und wurden aus dem Abteilfenster noch kurz mit einem Heiratsversprechen bedacht.

Scheppernd rollte der heruntergekommene Luxuszug früherer Generationen aus der Halle. Ich trat hinaus auf den Gang, um meine Schlafwagen-Mitreisenden ins Auge zu fassen. Der Gang war leer, die Türen aller Abteile geschlossen. Hatten sich dort Staatsgeheimnisträger und schöne Spioninnen bereits zurückgezogen? Meiner Phantasie waren keine Grenzen gesetzt, ich hoffte auf eine angenehme Überraschung beim späteren Diner im Speisewagen.

Die Überraschung kam auch und bestand darin, daß der Orient-Expreß gar keinen Speisewagen mitführt, obgleich er zwei Tage und zwei Nächte bis Istanbul unterwegs ist. Auch zu trinken gab es nichts, wie mir der Schlafwagenschaffner schonend beibrachte. Man muß sich auf den Bahnhöfen selbst versorgen.

Von Hunger und Durst getrieben, sprang ich in Salzburg aus dem Zug, spurtete zum Erfrischungsstand und befand mich bereits mitten auf dem Balkan, soweit es das Volksleben betraf: Die Speisen- und Getränkequelle war dicht umdrängt von Griechen, Jugoslawen, Bulgaren und Türken, die in der Mozartstadt einen Job gefunden hatten und ihre Freizeit in der Bahnhofshalle gestalteten.

Ich erstand einige belegte Brötchen, zwei harte Eier sowie eine Flasche Kalterer See und ließ mich dann zum Abendessen auf der Bettkante meines Abteils nieder.

Die Brötchen waren knochentrocken und hatten schon mehrere bessere Tage gesehen, zu den Eiern fehlte das Salz, und der Rotwein schmeckte kräftig nach dem Korken. Weniger konnte man kaum verlangen. Im Zug auf dem Nebengleis sang eine Klasse englischer Schulmädchen aus unerfindlichen Gründen »God save the Queen« und untermalte so das bescheidene Mahl.

Einige Kilometer hinter Salzburg tauchte das erste Schild auf, das die Nähe des Balkans ankündigte: »Molkerei Basil Weixler«. Da muß wohl in den Türkenkriegen ein Muselmane mit dem Vornamen Basil in der Milchwirtschaft hängen geblieben sein.

Bei meinem Abendspaziergang durch die Gänge der 2. Klasse wurde ich mehrmals von Tunneln überrascht, die ohne Einschaltung der Innenbeleuchtung durchfahren wurden. Da der Expreß seit der Jahrhundertwende den inoffiziellen Beinamen »Zug der Taschendiebe« führt, preßte ich jedesmal beide Hände fest auf die Brieftasche.

In den Abteilen saßen dichtgedrängt und von Unmengen Gepäck eingekeilt die heimkehrenden Gastarbeiter. Sie dinierten aus Tragetaschen eines renommierten Münchner Feinkosthauses: Gemischte Vorspeisen, kaltes Huhn, Kassler Rippchen, diverse Käse, Obst, knuspriges Stangenweißbrot, Slibowitz, Rotwein.

Wehmütige Weisen aus einer Hirtenflöte verbreiteten eine echt orientalische Atmosphäre. Es fehlte eigentlich nur noch, daß auf dem Boden ein Feuer entzündet und Hammelfleisch am Spieß gebraten wurde. Aber dem stand das bis auf die Gänge hinauswuchernde Gepäck im Wege, darunter Kühlschränke und Fernsehgeräte.

Neidvoll kehrte ich in mein Luxusabteil zurück und legte mich hungrig bei Elsbethen schlafen. (Das ist nicht etwa Berlinisch, sondern ein österreichischer Ortsname.) Der Schaffner hatte mir mitgeteilt, daß um Mitternacht an der jugoslawischen Grenze alles geweckt wird, nur die Deutschen dürfen weiterschlafen. Nach dieser geradezu symbolhaften Information löschte ich das Licht und träumte dann, eine schöne Spionin käme herein und wollte mir ein Staatsgeheimnis abschmeicheln. Da klopfte es heftig an die Tür. Schlaftrunken schob ich den Riegel zurück, ein niedliches Mädchen im Nachtgewand schlüpfte herein, wollte zu mir ins Bett und fragte: »Bist du mein Pappi?« So was hört niemand gern.

Aber da kam auch schon die aufgeregte Mutter aus dem Nebenabteil und holte die Vierjährige unter Entschuldigungen zurück. Meine Nachbarin fuhr zweifelsohne in die Türkei, um dort den Vater ihres Kindes aufzusuchen oder auch nur zu suchen. Der letztere Reisegrund soll ziemlich häufig sein und den Orient-Expreß erst rentabel machen.

Der Schlafwagen mit der großen Vergangenheit ratterte, schlingerte und schepperte durch die Nacht. Aus vielen Ritzen pfiff melodisch der Fahrtwind sein durch die Bettdecke dringendes, garstig kaltes Lied.

Am frühen Morgen weckte mich ein weicher, satter Orgelakkord, denn die jugoslawischen Lokomotiven stoßen keine Pfiffe aus, sondern machen sich durch ein nervenschonendes Dreiklanghorn bemerkbar. Das paßte sehr gut zu der Idylle, die draußen am Fenster vorbeizog: Balkandörfer mit niedrigen, buntgestrichenen Häusern an Lehmwegen, in deren Furchen von schmalbrüstigen Pferden gezogene Panje-Wägelchen zottelten, Gänse promenierten und stämmige Bäuerinnen Wasser vom Ziehbrunnen heimwärts schleppten.

Um zu einem Frühstück zu kommen, stieg ich in Belgrad aus und überschlug einen Orient-Expreß, der ja alle vierundzwanzig Stunden zur gleichen Zeit vorbeikommt.

Der Bahnhof sah wüst und abbruchreif aus. Später erfuhr ich, daß ein neuer an anderer Stelle bereits im Bau ist und man den Abbruch des alten Gebäudes einfach dem Zahn der Zeit überläßt, der die Aufgabe bereits zur Hälfte erledigt hat.

Mein erster Eindruck beim Verlassen des Bahnhofs: Hier wird gerade mit großem Komparsenaufwand ein Flüchtlingsfilm gedreht. Mit Sack und Pack lagerten auf dem Straßenpflaster malerische Gruppen von Bäuerinnen in bunten Pluderhosen und bärtige Männer mit Lammfellmützen. Es fand jedoch keine Dreharbeit statt, sondern echtes Volksleben.

Im Touristenbüro »Partisan« bekam ich von einer stämmigen Balkanschönheit mit knackfesten Rundungen einen deutschsprachigen Stadtplan, dem der Satz vorangestellt war: »Belgrad wünscht Ihnen, daß Sie sich vergnügt auf seinen langen Straßen und breiten Plätzen ermüden!«

Ich bat die junge Dame, mir den Satz zu erläutern, aber sie lächelte nur geheimnisvoll.

Ich machte mich auf zur vergnügten Ermüdung.

In Belgrads Innenstadt war von dem, was wir Westler uns unter Kommunismus vorzustellen haben, nur wenig zu merken. Die einzige Not, die überall auf den Straßen deutlich sichtbar wird, ist die Parkplatznot. Die Schaufenster sind genau so voll wie bei uns, der Unterschied liegt nur in den Preisen: Das Lebensnotwendige ist um die Hälfte billiger, aber alles, was man nicht unbedingt braucht, dreimal so teuer.

An den Zeitungskiosken sind die bundesdeutschen Illustrierten vollzählig vertreten. Die westliche Sexwelle ist in den Osten übergeschwappt, und die Ur-Angst vor plötzlichem Dickerwerden wird von vielen Kleinstunternehmern genutzt, die an den Straßenekken hinter Personenwaagen sitzen und durch Lockrufe zur Gewichtskontrolle anregen.

Die allerkleinsten Unternehmer lernte ich auf einer der vielen Kaffeehausterrassen kennen: Noch nicht schulpflichtige Kinder boten aus Aktentaschen oder Pappschachteln selbstgedrehte Papiertütchen an, die jeweils fünf bis sechs Erdnüsse enthielten. Ein schönes Beispiel von Privatinitiative.

Als ich die breite Steintreppe hinunterging, die von der hochgelegenen Innenstadt zum kribbelnden und krabbelnden Wochenmarkt führt, durchfuhr es mich eisig: Da war mitten zwischen den Buden und Ständen ein Chirurgen-Team auf offener Straße tätig. In weißen Operationskitteln und ebensolchen Kappen schnitten die Ärzte, über einen Tisch gebeugt, mit großen Messern an etwas herum.

War hier ein Unfall passiert, der sofortiges chirurgisches Eingreifen erforderte? Bei näherem Hinsehen atmete ich erleichtert auf: Hier wurden große Blöcke des berühmten Schafkäses nach Tito's strengen Hygiene-Vorschriften zerschnitten und verkauft.

Auf den Treppenstufen saßen Gestalten, wie man sie in einem kommunistischen Lande kaum erwartet: Original-Hippies, langhaarig, bärtig und Guitarren zupfend. Sie sprachen lupenreines Sächsisch.

An fast jeder Straßenecke Belgrads stehen blaue Pfeile mit der Aufschrift »Jedno Smirno«, obgleich ein sol-

Starker westlicher Einfluß war in einem Park zu spüren, wo für die Kinder eine Wildwest-Eisenbahn aufgebaut war. Über dem Bahnhof leuchtete in bunten Glühbirnen der Stationsname »Colorado Springs«, am Fahrkartenschalter hing ein Steckbrief mit dem Bild John Waynes »Wanted! 10 000 Dollar!«, und die

cher Ort auf keiner Straßenkarte verzeichnet ist. Das »Jedno Smirno« bedeutet nämlich »Einbahnstraße«.

Kinder wurden in kleinen Wägelchen von einem Lokomotivchen mit knatterndem Benzinmotor durch einen Plastik-Tunnel nach »Santa Monica« und zum Rio Grande gefahren. Die Eindrücke, die sie dabei empfingen, waren für den wilden Westen durchaus positiv.

Bei meinem Bummel durch die kommunistische Metropole Belgrad fiel mir eins besonders auf: Die Leute sahen alle zufrieden aus, was sie nach unseren bewährten Maßstäben doch eigentlich gar nicht sein dürften. Niemand hatte den gehetzten und vom gesunden Konkurrenzkampf geprägten Gesichtsausdruck, der unser westliches Straßenbild bestimmt. Aber vielleicht täusche ich mich da, denn ich sah die Umwelt bereits durch eine kommunistische Brille: Meine im Westen hergestellten Augengläser waren auf der Rolltreppe einer Fußgängerunterführung heruntergefallen und zu Bruch gegangen. Bei einem volkseigenen Optiker bekam ich eine neue Brille, die nur ein Zehntel von dem kostete, was man mir in der Heimat dafür abverlangt hätte.

Im Café des Hotels »Moskwa« trank ich am späten Nachmittag einen Slibowitz und lauschte handgemachter Musik. Auf dem Podium spielte ein Salon-Orchester Operettenweisen und Charakterstücke längst versunkener Epochen. Die Titel der »Piècen« wurden auf Tafeln bekanntgegeben, die von der greisen Pianistin an einem zum Publikum gerichteten Notenständer befestigt wurden. Rundherum saßen schachspielende, diskutierende oder meditierende Individualisten.

Im Stadtführer, der mir vom Verkehrsbüro »Partisan« überreicht worden war, las ich: »Belgrad hat nur wenige historische Baudenkmäler aufzuweisen, weil die Stadt im Laufe der Jahrhunderte wegen ihrer günstigen Lage immer wieder verwüstet und dem Erdboden gleichgemacht wurde.«

Um eine solche Lage als »günstig« zu bezeichnen, muß man wohl Historiker oder Stratege sein.

Als die Abenddämmerung hereinbrach, flammte an einem zwölfstöckigen Hochhaus ein riesiger Sowjetstern aus roten Neonröhren auf, um den herum auf Giebeln und Fassaden in meterhohen Buchstaben die Namen monopolkapitalistischer West-Unternehmen leuchteten. Die Ostgeschäfts-Anbahner dieser Firmen traf ich in der Halle des Hotels »Metropol«, wo sie dank besonders tragfähiger Stimmen und des ihnen durch ein mehr oder weniger gnädiges Geschick angeborenen sicheren Auftretens den Ton angaben.

An der Bar kam ich mit einem westdeutschen Generalvertreter für Dichtungen (nicht im Sinne von Poesie, sondern von Abflußrohrverschlüssen) ins Gespräch. Er war stramm antikommunistisch, soweit es die »Ideologie« betraf, aber sehr dafür, wenn man ein Geschäft machen konnte. Der bilaterale Gesinnungswechsler riet mir, am Abend unbedingt das volkseigene Spielcasino und Nacht-Cabaret im Hotel »Majestic« zu besuchen, den Treffpunkt aller westdeutschen Geschäftsreisenden.

»Sie kriegen da einen Striptease zu sehen – doller als in Paris! Da haut sich eine Stripperin zu Beethoven-Musik mit einer Lederpeitsche zwischen die Beine – also das müssen Sie gesehen haben!«

So verlockend das auch für manche Ohren klingen mag – ich zog es vor, einer mir gemäßeren Form der Fleischeslust nachzugehen: Dem Verzehr von zwiebelreichen, paprikagewürzten Balkan-Grillspezialitäten. Die gibt es in reicher Auswahl in der »Skadarska«, einer Gasse im alten Belgrad, wie sie kein Film-Architekt pittoresker aufbauen könnte.

Gemütliche Kneipen mit Tischen vor den Türen, Kopfsteinpflaster, romantische Gaslaternen und blühende Kastanienbäume, zwischen denen Girlanden bunter Lämpchen hängen. Das Dekor war einzigartig, der Wein hervorragend, aber leider muß gesagt wer-

Dieses Belgrader Haus in der »Straße des 7. Juni« ist nicht etwa ein fragwürdiges, sondern das hochanständige und berühmte Kaffeehaus »Zum Fragezeichen«. Dem Wirt fiel nichts Zugkräftiges ein, da hängte er einfach ein Fragezeichen vor die Tür. Unter diesem Emblem kann man sehr gut über die Fragwürdigkeit alles kapitalistischen oder kommunistischen Tuns meditieren. Und das tun die Belgrader hier oft und gerne.

den, daß die Grillspezialitäten der Münchner jugoslawischen Restaurants immer noch die besten sind.

Am nächsten Morgen enterte ich wieder den Orient-Expreß, der gerade von einigen hundert Heimkehrern verlassen worden war. Nach dem Anpacken der Waggongriffe hatte ich zwei kohlschwarze Hände. Ein Blick in die offenstehende Tür des WC ließ erkennen, daß hier nur noch die Feuerwehr wirksame Abhilfe schaffen konnte. Auf dem Gang lag eine knöcheltiefe Schicht von Obstschalen, zusammengeknülltem Fettpapier mit Speiseresten, Plastikbechern und anderem Zivilisationsmüll. In den Abteilen sah es nicht viel besser aus, die Luft enthielt eine Reihe von Geruchskomponenten, deren Beschreibung zu weit führen würde.

Um die negative Variante des Duftes der großen weiten Welt hinauszulassen, drehte ich die Scheibe herunter und sah draußen eine adrette Putzfrau sorgfältig die Waggongriffe putzen, wenn auch etwas zu spät. Wie es drinnen im kapitalistischen Waggon aussah, ging sie offensichtlich nichts an. Mit einer Zeitung kehrte ich den Dreck aus meinem Abteil auf den Gang hinaus.

Eine halbe Stunde hinter Belgrad erschien eine Frau im himmelblauen Kittel, mit schneeweißem Häubchen und einem Reisigbesen. Sie begrüßte mich herzlich als einzigen Gast der ersten Klasse, schob den internationalen Müll zu einem großen Haufen zusammen, öffnete in voller Fahrt die Waggontür und feuerte das Ganze hinaus auf die Strecke.

Während der siebenstündigen Fahrt bis zur bulgarischen Grenze gaben ähnliche Abfälle der ziemlich eintönigen Landschaft viele farbenfrohe Akzente. Kurz vor Nisch belebte noch eine leuchtend gelbe, für einen deutschen Whisky werbende Plakatwand den grauen, trockenen Karst. Wer trinkt so was im Lande des Slibowitz?

Auf dem jugoslawisch-bulgarischen Grenzbahnhof Dimitrowgrad bevölkerten gackernde Hühner die Schienen, auf dem Bahnsteig lagerten Stapel verstaubter und verschnürter Aktenbündel neben einem demontierten Kanonenofen und dem Büro-Mobiliar des Stationsvorstehers, dessen Amtssitz gerade frisch getüncht wurde. Aber das schönste war ein Wasserhahn, aus dem es fröhlich plätscherte. Im ehemaligen Luxuszug standen die Hähne schon seit Belgrad trocken. Wie gerne hätte ich meine kohlschwarzen Hände und die trockene Zunge an das Naß herangebracht! Aber nun fand die einstündige Paß- und Zollkontrolle statt, die einen repräsentativen Querschnitt aller jugoslawischen und bulgarischen Uniformen bot.

Als die große Bahnhofsuhr 14 Uhr 30 anzeigte und eine kleinere sich auf 14 Uhr 55 kaprizierte, meine Armbanduhr aber auf 15 Uhr 26 bestand, rollte der Zug über die Grenze, wo es genau 16 Uhr 27 war, denn die Bulgaren haben Sommerzeit.

Ab Grenzpfahl waren die Schottersteine neben den Schienen blitzsauber ausgerichtet und an der Außenkante mit einer schnurgeraden weißen Linie bemalt. Man spürte: Hier beginnt das linientreueste Land des Ostblocks, das sogenannte Preußen des Balkans, worin nicht jeder etwas Positives sieht.

Neben dem Bahndamm wanderte ein Mann und betätigte sich mit einer interessanten Variante des mir bisher nur kulinarisch bekannten Balkan-Spießes: Er pickte im Dienste der bulgarischen Staatsbahn herumliegendes Papier, leere Zigarettenschachteln und Obstschalen mit einem Metallspieß auf, wobei auf dem Eisenstab eine Art Müll-Schaschlik entstand.

Im Hauptbahnhof von Sofia hielt es mich nicht länger im wasserlosen Orient-Expreß. Mit klebrigen Rußfingern und noch klebrigerer Zunge verließ ich den Zug. Um ein Haar wäre nicht nur die Reise, sondern auch mein Leben beendet gewesen: Um zum Ausgang zu gelangen, mußte man die Geleise überschreiten, die ich auf Grund des Allgemeinbildes dieses mehr als tristen Bahnhofes für tot hielt. Über die nur scheintoten Geleise kam aber urplötzlich und laut pfeifend eine sehr lebendige Rangierlokomotive, der ich mich gerade noch durch einen Hechtsprung entziehen konnte.

Vor dem Bahnhof, der weit außerhalb der Stadt zu liegen schien, stand eine einzige Taxe, und die war bereits von drei Mitreisenden im Sturm erobert worden. Die freundlichen Bulgaren rührte meine Hilflosigkeit, sie ließen mich einsteigen und sich zunächst einzeln nach Hause fahren. Sie wohnten weit über Sofia verstreut. So kam ich in den Genuß einer Rundfahrt.

Pompöse Parteibauten, bescheidene Wohnhäuser, wenig Verkehr, antike Straßenbahnen und an den Straßenrändern zwischen parkenden »Wolga« und »Tschaika«-Automobilen riesige, in Zeltleinwand verpackte Pakete. Es waren ebenfalls Autos, die abends von ihren stolzen Besitzern sorgfältig zugedeckt und eingewickelt werden, damit sie schön sauber bleiben. Die Sofioten haben, wie ich noch oft merken sollte, einen staatlich gelenkten Sauberkeitsfimmel.

Jeder der drei Mitfahrer zahlte seine Teilstrecke, der letzte empfahl mir das Hotel »Balkan«, einen siebenstöckigen, der Reichskanzlei Adolf Hitlers stark nachempfundenen Prachtbau.

Das Renommier-Hotel wurde vor zehn Jahren von russischen Architekten gebaut, denen nichts groß und teuer genug sein konnte. Haushohe Kassettentüren, die von gewaltigen Säulen getragene Halle dreimal so groß wie Sofias Hauptbahnhof, in den mit dicken Teppichen ausgelegten Korridoren könnten zwei Autos nebeneinander fahren. Die Apartements haben allerdings einige kleine Eigenheiten, die vielleicht den erstaunlich niedrigen Preis von (umgerechnet) DM 19.– erklären.

Nachdem mich ein Hotelboy in makelloser, leuchtend roter Pagen-Uniform hinaufgeleitet hatte, riß ich mir, verdreckt und nach Sauberkeit lechzend, die Kleider vom Leibe.

Als ich im himmelblau gekachelten Badezimmer den Warmwasserhahn aufdrehte, kam kaltes heraus, um dann schnell zu versiegen. Aus den Hähnen am Waschbecken tröpfelte es nur, und diese paar Tropfen verschwanden im Abfluß, weil kein Stöpsel vorhanden war. Den demontierte ich aus dem Bidet, dessen Hähne, anscheinend verbittert, auf gar nichts reagierten.

Ich verpflanzte den Bidet-Stöpsel mit Barnardscher Kunstfertigkeit ins Waschbecken, wo sich nach einigem Warten gut und ungern ein Liter Wasser ansammelte. Aber nach meiner Mini-Waschung hatte der ortsfremde Stöpsel sich festgesogen und war nur durch eine komplizierte Operation mit Nagelschere und Taschenmesser zu entfernen. Das herbeigerufene Zimmermädchen machte mir die hochinteressante Mitteilung, daß man in den oberen Stockwerken des Balkan-Hotels nur dann Wasser hat, wenn sich unten keiner wäscht.

Nun versuchte ich den Kleiderschrank zu öffnen. Der betreffende Schreiner muß ein Witzbold oder gar ein Saboteur gewesen sein, denn er hatte das Schloß falsch herum eingesetzt. Wenn man den Schrank öffnen wollte, mußte man ihn zuschließen, und umgekehrt.

Der Radioapparat von der Größe einer mittleren Kommode blieb trotz aller Bemühungen stumm, und als ich mich resigniert auf die Couch fallen ließ, hatte das eine Beule am Hinterkopf zur Folge. Die Liegestatt war anscheinend aus Beton gegossen und dann mit grauem Velours bezogen worden.

Alle diese kleinen Mißhelligkeiten spülte ich in der Hotelhalle an der zehn Meter langen Bar mit einem doppelten Wodka herunter.

In klobigen Polstersesseln saßen unter einem riesigen Ölgemälde mit dem listig lächelnden Lenin deutsche Geschäftsleute, waschechte Kapitalisten, und sprachen mit ebenso waschechten Kommunisten vom Geschäft. Prozente, Diskonte, Umrechnungskurse und haushohe Zahlen wirbelten durch die Luft. Dabei machten die sogenannten Proletarier den Eindruck von Herren, während die Herren aus dem Westen in ihrem Auftreten etwas leicht proletenhaftes an sich hatten.

Die vorherrschende Sprache war Deutsch. Lautstark und mit Frankfurter Dialektfärbung verkündete ein bulliger Herr seinem bulgarischen Kontrahenten: »Die deutsche Haut von südlich des Mains ist die beste der Welt!«

Über die verborgenen Schönheiten dieses Satzes dachte ich bei einem weiteren Wodka angestrengt nach. Ein neben mir an der Bar sitzender bundesdeutscher Generalvertreter für Kühlaggregate klärte mich auf:

»Der Herr ist Lederhändler aus Offenbach. Er hat

in der Zone zehntausend ostdeutsche Schweine gegen harte D-Mark gekauft, in den Westen transportiert, dort die Häute gegerbt und das Schweinsleder für US-Dollars an die Bulgaren weiterverscheuert. Ein Bombengeschäft! Die kaufen hier nur das Beste und Teuerste, denn bezahlen können sie es sowieso nicht, die Rechnungen gehen direkt zum Russen, der zahlt sich dumm und dämlich, damit die Brüder linientreu bleiben! Ich könnte Ihnen Dinger erzählen...«

Und er erzählte. Von den modernsten Cola-Automaten mit Tiefkühlung, die wegen unsachgemäßer Behandlung bereits nach wenigen Wochen nicht mehr funktionierten, aber auf allen Provinzbahnhöfen repräsentativ herumstehen. Von der 6-Millionen-D-Mark-Maschine zur Zigarettenfabrikation, die nach 14 Tagen hin war, weil in der Halle ein paar Scheiben kaputtgingen, die Klimaanlage deshalb nicht mehr klappte und der zu feuchte Tabak die deutsche Wertarbeit ruinierte. Und von vielen anderen Grotesken als Folge des zu plötzlichen Fortschritts.

Nach diesem Einblick in die Geheimnisse des Ost-Handels fragte ich den Kenner der hiesigen Verhältnisse, wie es denn mit dem Abhören von Gesprächen und dem Herumspionieren im Gepäck der Hotelgäste sei. Angeblich sollen diese Bräuche in Bulgarien in höchster Blüte stehen.

»Das gibt es natürlich,« sagte mein Gewährsmann, »aber hauptsächlich aus rein geschäftlichen Gründen. Auch die deutschen West-Ost-Händler, die untereinander in erbittertem Kampf um die kommunistischen Staatsaufträge stehen, lauschen munter mit. Sie benutzen die Errungenschaften der modernen Mini-Abhörtechnik, um über die Pläne und Angebote der Konkurrenten auf dem Laufenden zu sein. Und was die Gepäck-Inspektion während der Abwesenheit des Hotelgastes angeht: Ziehen Sie vor dem Ausgehen einen dünnen, unsichtbaren Klebstoff-Faden über die Kofferschlösser. Das machen wir alle, nur um zu wissen, ob jemand dran war.«

Man darf wohl annehmen, daß die heimlichen Koffer-Inspekteure den Trick längst kennen und beim Schließen einen neuen Klebstoff-Faden anbringen.

Nach dem lehrreichen Gespräch warf ich einen Blick in den Speisesaal, der sich in nichts vom Speisesaal eines westlichen Grand-Hotels unterschied. Deshalb fuhr ich zum Abendessen hinaus nach »Bojansko Hantsche« vor den Toren Sofias, um in einem rustikalen Lokal zu den Klängen von Hirtenflöten und Dudelsack den reichhaltigsten Balkan-Grillteller meines Lebens zu verzehren. Dazu gab es einen schweren, samtigen Rotwein aus seltsam geformten Tonkrügen, die man um den Hals fassen mußte, damit die köstliche Bacchusgabe aus einem kleinen Loch im Henkel in dünnem Strahl ins Glas lief. Die Kellner trugen bulgarische Bauerntracht, die aus aufgesetzten Flicken an Knieen und Ellenbogen einen modischen Effekt macht: Die mit bunten Blumenmustern reich bestickten Applikationen sind auch auf nagelneuen Hemden und Hosen bereits fest aufgenäht.

Erst gegen Mitternacht kehrte ich ins Hotel »Balkan« zurück und machte zwecks Löschung des Nachdurstes eine Stippvisite in der Bar.

Im schummrigen Halbdunkel bewegten sich zwischen den an kleinen Tischen sitzenden westlichen Geschäftsleuten einige äußerst sehenswerte junge Damen in Miniröcken und schicken Frisuren. Sie setzten sich

Als rauchender Fremder hat man in Sofia häufig den Eindruck, daß die von früh bis spät emsig tätigen Straßenkehrerinnen nur darauf warten, daß man seine Pfeife womöglich über dem Pflaster ausklopft oder die Asche von der Zigarette fallen läßt. Das sehen

plaudernd mal hier, mal dorthin, um den Gästen Gesellschaft zu leisten. Eine dieser Nacht-Hostessen nahm sich auch meiner an und wollte mich unbedingt für bare 30 US-Dollars oder 120 D-Mark (West) in einen »Nachtclub mit Programm« führen. Er läge ganz in der Nähe. Weil mein Alkoholpegel bereits weit über dem Strich stand, wurde nichts daraus. Kenner verrieten mir, daß es sich bei diesen Damen um staatliche

diese auf Sauberkeit bedachten Trottoirpflegerinnen gar nicht gerne, denn dafür sind die Aschenbecher da, die von der Sofiotischen Stadtverwaltung am unteren Rand der an fast jedem Baum und Laternenpfahl befestigten Papierkörbe angebracht wurden.

Venusdienerinnen handelt, die aus patriotischer Gesinnung heraus das Loch im bulgarischen Devisenhaushalt zu stopfen versuchen.

Am nächsten Morgen wanderte ich durch Sofia, das von allen europäischen Hauptstädten pro Kopf der Bevölkerung die größte Quadratmeterzahl an Grünanlagen besitzt und sich in den Kopf gesetzt hat, die sauberste Hauptstadt der Welt zu sein. Wer hätte so etwas je auf dem Balkan vermutet, wo sich nach den Vorstellungen unserer Großväter die Einwohner hauptsächlich mit dem Knacken von Läusen und der Jagd auf Wanzen beschäftigen?

Überall auf den Straßen waren in den Morgenstunden Reinigungstrupps mit riesigen Tankwagen und armdicken Wasserschläuchen tätig. Die Spritzkolonnen trieben die Passanten vor sich her, und auch ein Hauseingang, in den ich hineinflüchtete, bot keinen sicheren Sprühschutz.

Gegen ein kleines Trinkgeld wird der Hochdruck-Wasserstrahl auch auf Autos gerichtet, die so in den Genuß einer Schnellstwäsche kommen.

In den Schaufenstern war leider nur ein reichhaltiges Angebot an Parteiparolen und Emblemen zu sehen, denn der Jahrestag der Revolution stand bevor. Deshalb war auch ausnahmsweise der einbalsamierte Nationalheld Georgi Dimitroff durchgehend geöffnet. Er liegt gegenüber vom alten Königsschloß, das sich gegen die gewaltigen Parteibauten wie ein Wochenendhaus ausnimmt, in seinem Mausoleum. Davor steht eine Bronzetafel mit dem deutschsprachigen Hinweis: »Geöffnet von 15–18 Uhr, es werden keine Ausnahmen gemacht. Die Direktion des Mausoleums.«

Direktor eines Mausoleums mit einem einzigen, ziemlich anspruchslosen Bewohner – einen ruhigeren Beruf kann es wohl kaum geben.

Das ruhige und beschauliche Leben ohne Hast, Geldgier und Konkurrenzkampf bestimmt das Straßenbild Sofias. Die beliebteste Freizeitgestaltung ist das Sitzen auf Parkbänken oder das Promenieren auf dem Lenin-Boulevard. Wer sich einen kleinen Luxus leisten will, läßt sich auf einer Café-Terrasse nieder oder besucht eine der vielen Imbiß-Stuben, von denen manche sogar eine aus Italien importierte Espresso-Maschine haben, die meistens kaputt ist. Die einzige gut funktionierende entdeckte ich in einem Café schräg gegenüber vom Balkan-Hotel. Der Wirt hatte zur Bedienung des Gerätes eine Italienerin importiert und sie dann geehelicht. Das scheint die einzige Möglichkeit zu sein, in Bulgarien eine Espresso-Maschine in Gang zu halten.

Auch in der volkseigenen Kosmetik-Industrie scheint es hin und wieder kleine Pannen zu geben. Einem Haarfärbemittel wurde eine Leuchtfarbe beigemischt, die zwischen Verkehrsampelgelb und jenem Rot schwankt, das Autobahnarbeiter in leuchtenden Streifen auf dem Rücken tragen. Diese weithin schreiende Haarfarbe sprang mir im vorherrschenden Grau des Straßenbildes immer wieder schmerzhaft ins Auge.

Zu den wenigen Dingen, die einwandfrei funktionieren, gehören die öffentlichen Fernsprecher. Die Münzapparate hängen frei und offen an den Häuserwänden der Hauptstraßen, alle Passanten können zuhören. Da aber jeder sowieso damit rechnet, daß die Telefone auch noch anderweitig abgehört werden, stört das niemanden.

Am späten Nachmittag kletterte ich wieder in den vertrauten Orient-Expreß. Im Eingang des Schlafwagens lag ein Kohlenhaufen, von dem sich Spuren in alle Abteile zogen. Ich verzehrte meinen vorsorglich mitgebrachten Proviant und legte mich schlafen.

Am nächsten Morgen rollte der Zug bereits auf türkischem Boden. Die rote Fahne mit dem weißen Halbmond wehte über einem Barackenlager, das rundherum mit einem doppelten Stacheldrahtzaun gesichert war. Türkische Soldaten exerzierten mit alten Flinten und übten das militärische Grüßen, um die westliche Freiheit am äußersten Zipfel Europas notfalls verteidigen zu können.

In der Mitte des nach einem Sträflingslager aussehenden Komplexes war eine Baracke nochmals extra mit Stacheldraht eingezäunt. Dort lümmelten sich Soldaten im Sand, die sich irgendeines Vergehens schuldig gemacht hatten. Ein Gefängnis im Gefängnis.

Und dann zogen die Vorort-Slums der »Perle am Goldenen Horn« am Abteilfenster vorbei. Im Vergleich dazu sind die schlimmsten Elendsviertel Neapels gepflegte Villenvororte.

Im Hauptbahnhof von Istanbul nahm mir ein gefährlich aussehender Gepäckträger gegen erbitterten Widerstand die Reisetasche ab. Sie war mein ganzes Gepäck, denn wegen des als unsicher geltenden Balkans hatte ich einen großen Koffer mit den besseren Sachen von München aus direkt nach Istanbul aufgegeben. Noch ahnte ich nicht, daß ich ihn in den nächsten Stunden noch mehrfach, wenn auch in anderem Sinne, aufgeben sollte.

Der Gepäckträger erwies sich als sehr nützlich, denn er bahnte mir in der Zollhalle einen Weg durch das Gedränge der schlangestehenden, hochbeladenen Heimkehrer. Der Zollbeamte, der jedes Gepäckstück seiner Landsleute umstülpte und restlos ausleerte, ließ meine Reisetasche ungeschoren und signierte sie mit Kreide. Als ich ihm aber meinen Gepäckschein überreichte, bildeten sich schwere Sorgenfalten auf seiner Stirn. Er ließ alles stehen und liegen, forderte mich durch Zeichensprache auf, ihm zu folgen und lieferte mich in einem rückwärtigen Kabuff ab, wo zwei kleine graue Männer in Bergen von Formularen saßen. Sie suchten in Pappkartons das Pendant zu meinem Gepäckschein, fanden es aber nicht.

Und nun begann eine Irrsinns-Odyssee durch ein gutes Dutzend Dienststellen, die mich an die Ortskommandanturen meines erfolglosen Rußlandfeldzuges erinnerten. Der Träger mit der Reisetasche wurde bereits nach den ersten zehn Minuten abgesprengt, ich schrieb ihn ab und wollte nur noch den Koffer. Als im zwölften Büro das Pendant des Gepäckscheines gefunden wurde, glaubte ich mich am Ziel meiner Wünsche.

Aber jetzt ging's erst los. Niemand schien zu wissen, wo der Koffer sein könnte. Schließlich führte mich ein gehbehinderter Beamter aus dem Bahnhof heraus und hinüber zur Güterabfertigung. Auf dem Wege dorthin gesellte sich ein Taxifahrer zu uns, der mich unbedingt ins Hotel fahren wollte und meine Sache zu der seinen machte, indem er den Gepäckschein samt Pendant an sich brachte.

Zu dritt suchten wir in lysolstinkenden Lagerkellern, in denen Ratten huschten und Lumpenbündel bis hoch unter die Decke gestapelt waren, nach meinem Koffer.

Schließlich blieb nur ein einziger Keller im ganzen Bahnhofsgelände zu durchsuchen, aber der war abgeschlossen. Allah wollte, daß der zugehörige Beamte gerade irgendwo in Istanbul das Mittagessen einnahm. Als er nach einem guten bzw. unguten Stündchen auftauchte und uns sein Reich erschloß, leuchtete mein Koffer zwischen vielen Elendsbündeln in seiner ganzen fremdländischen Schönheit.

Aber damit hatte ich ihn noch nicht: Ein Zöllner

Schon in der Zollhalle des Istanbuler Hauptbahnhofs merkt man deutlich, daß in der Türkei der Unterschied zwischen arm und reich besonders groß ist: Bei den ar-

mußte seinen Inhalt prüfen, und dann wurde ich noch einmal den ganzen Instanzenweg zurückgejagt, während der Taxifahrer allein mit dem wiedergefundenen Gepäckstück zurückblieb.

In Kabuffs, Verschlägen und Büros des Bahnhofs füllte ich zahlreiche plakatgroße Formulare aus, die mit meinem Paß hinter Schalterfenstern verschwanden, viele Zimmer weiter wieder auftauchten, von Beamten mehrerer Rangklassen gestempelt und signiert wurden, um dann dem »Chef des Zolls« vorgelegt zu werden. Er residierte hinter einer Tür, vor der rund fünf-

men Heimkehrern wird die Zöllnerhand an so ziemlich alles gelegt, bei den Bessergestellten, die mit Gepäckträger kommen, meistens nur an die Dienstmütze.

zig Gepäck-Anwärter Schlange standen. Ich reihte mich ein mit der ziemlich festen Überzeugung, daß nach dem Gepäckträger mit meiner Reisetasche nun auch der Taxifahrer mit dem Koffer längst das Weite gesucht hatten.

Während die Schlange langsam vorrückte, fühlte ich immer wieder nach meiner Brieftasche mit den Reiseschecks, die mir eine sofortige Heimkehr ermöglichen sollten.

Nach anderthalbstündigem Warten war es endlich soweit, daß sich die Tür des »Chef vom Zoll« vor mir öffnete. Der orientalische Bahnhofs-Potentat saß in einem hochelegant eingerichteten Zimmer hinter einem Feudal-Schreibtisch mit einer roten Schreibunterlage aus feinstem Saffian und hatte sämtliche von mir ausgefüllten Formulare sowie meinen Paß vor sich liegen. Wortlos schrieb er eine ganze Seite im Paß auf türkisch voll. Dann mußte ich ein Formular unterschreiben, daß ich meinen Koffer einwandfrei erhalten hätte. Eigentlich hatte ich ihn ja nur gesehen, aber nun war mir schon alles egal.

Als ich an Leib und Seele gebrochen fünf Stunden nach Ankunft des Orient-Expreß aus Istanbuls Hauptbahnhof heraustrat – wer stand da und erwartete mich? Der Taxifahrer mit dem Koffer und der Gepäckträger mit der Reisetasche. So ehrlich sind die Türken.

Mit dem Schicksal versöhnt packte ich im Hotel den Koffer aus und merkte dann, daß von allen Anzügen die Hosen fehlten.

In welchem der vier vom Koffer allein durchreisten Länder mochten die Hosen jetzt an Diebesbeinen herumlaufen? Nur Allah weiß es, und der verrät es nicht.

Ich habe diese Koffer-Episode so ausführlich erzählt, um dem Leser die Folgen einer Aufgabe des Reisegepäcks von München nach Istanbul zu verdeutlichen. Zumal die Reisegepäck-Versicherung nur zahlt, wenn man Zeugen des Diebstahls nennen kann. Das soll mir mal einer vormachen.

Da stand ich nun ohne Hosen in Istanbul, der legendären Perle am Bosporus. Doch das ist ein Kapitel für sich.

Das gefährlichste Pflaster der Welt

Vor meinem ersten Bummel durch Istanbul überreichte mir der Hotelportier ein deutschsprachiges Heftchen mit wertvollen Hinweisen des türkischen Ministers für Tourismus.

Wortwörtlich stand da folgender, kaum auszuschöpfender Satz: »Obwohl im Laufe der Jahre der deutsche Fremdenverkehr in die Türkei zunimmt, hat das deutsche Ansehen in keiner Weise eingebüßt!«

Selten wurde in einem so kurzen Satz soviel gesagt. Nach längerem Nachdenken begriff ich: Die Türken müssen ungeheuer deutschfreundlich sein.

Die Türkei ist ein sehr armes Land, und Armut ist ja keine Schande, sondern ein großer Glanz von innen, wie ein deutscher Dichter mal so schön sagte. Der Glanz der »Perle am Goldenen Horn« leidet jedoch beträchtlich unter dem mit der Armut häufig einhergehenden Schmutz. Darüber half mir auch nicht die Erklärung auf der zweiten Seite meines Heftchens hinweg:

»Man ist sehr leicht verführt, die trockene Dürre für Schmutz zu halten.«

Die Haufen von glitschigen Küchenabfällen, die in der Altstadt einfach vor die Tür gekippt werden, konnte ich beim besten Willen nicht als »trockene Dürre« anerkennen.

Für Fremde sind die bergauf und bergab führenden abfallreichen, aus Schlaglöchern und Felsbrocken bestehenden Seitengassen Istanbuls eines der gefährlichsten Pflaster der Welt, wovon in den Hotelhallen so mancher verbundene oder eingegipste Touristenfuß beredtes Zeugnis ablegt. Die Einheimischen bewegen sich auf diesem fußfeindlichen Pflaster mit dem sicheren Instinkt anatolischer Bergziegen.

Laut Reiseführer wird das Stadtbild Istanbuls von den Kuppeln und Minaretten seiner Moscheen beherrscht. Das mag aus einiger Entfernung zutreffen. Wandert man aber durch Istanbuls Straßen und Gassen, wird das Stadtbild von dem immer wiederkehrenden Wort »bankasi« bestimmt. »Bankasi« heißt »Bank«. An Fassaden, auf Dächern, an Laternenpfählen und Plakatwänden fordern die »Osmanli Bankasi«, »Türkiye Bankasi«, »Merkesi Bankasi«, »Garanti Bankasi« und viele andere wohlklingende Bankinstitute die Passanten auf, ihnen ihr Geld anzuvertrauen. Die weit überwiegende Mehrheit der Straßenbenutzer machte mir allerdings den Eindruck, daß sie keinen Pfennig in der Tasche hatte, was nach dem Urteil von Kennern der Verhältnisse auch zutreffen soll.

Während meines Altstadtbummels drängte sich die (natürlich etwas falsche) Überzeugung auf, daß mindestens jeder zweite Türke sich am frühen Morgen mit einem Körbchen, einer Schachtel, einem Tablett oder einem Schemelchen an irgendeinen Straßenrand stellt und irgend etwas feilbietet. Einen lächerlichen Bruchteil des weitgefächerten Angebots kann der Leser meiner naturgetreuen Zeichnung Seite 52/53 entnehmen.

Im Menschengewimmel schob sich ein schwarzgelocktes Männchen an mich heran, fuchtelte mit einem Gewehr unter meiner Nase herum und schwenkte eine durchlöcherte Zielscheibe. Dieser Orientale war eine ambulante Schießbude: Auf Wunsch heftet er die Scheibe an die nächstbeste Mauer, und dann kann man mitten im Verkehrsgewühl seine Schießlust befriedigen. Die Sicherheit der Passanten ist Allahs Sache.

Auf dem Wege zum weltberühmten »Großen Bazar« mußte ich den sogenannten »Läuse-Bazar« durchqueren, das orientalische Gegenstück zum Pariser Flohmarkt. Hier ist eine Handvoll rostiger Nägel bereits eine gesunde Geschäftsgrundlage.

Ein Händler mit alten Schuhen, dessen Laden aus einer auf dem Pflaster ausgebreiteten Zeitung bestand, bot nur Einzelstücke an: Linke oder rechte Schuhe, zu denen der andere Teil des Paares fehlte. Der Kundenkreis dieses Schuh-Antiquars ist natürlich auf Leute beschränkt, die nur einen Schuh benötigen. Aber wahrscheinlich sichert das geradezu abenteuerliche Verkehrsgebaren der Istanbuler Taxifahrer dem Geschäft dieses echten Einzelhändlers gleichmäßigen Absatz an beschädigte Fußgänger, die wiederum überflüssig gewordene Bekleidungen eines im Verkehr abhanden gekommenen Fußes zum Weiterverkauf anliefern.

In Istanbuls Läuse-Bazar ist der Kunde wirklich König. Ich sah einen total zerlumpten Mann, dem die Restbestände einer ehemaligen Jacke in Fetzen vom Leibe hingen, auf einen Altkleider-Händler zutreten. Der begrüßte ihn mit einem tiefen Bückling und half dem Kunden vor dem Anprobieren mit einer Höflichkeit aus dem Lumpengewand, die selbst dem prominentesten Maßschneider zur Ehre gereicht hätte. Er

In den engen, holprigen Gassen Alt-Istanbuls stehen Handel und Wandel in vollster Blüte. Dieses Bild zeigt nur einen ganz kleinen, aber typischen Ausschnitt. 1: Frauenschenkel-Händler mit einem Tablett voller Hackfleischklößchen, die in der Türkei »Frauenschenkel« heißen. 2: Juwelierladen, bestehend aus einem Hocker und einer Pappschachtel mit Amuletten gegen den bösen Blick. 3: Noch nicht schulpflichtiger Bleistiftverkäufer. 4: Zukunftsdeuter, der die vorgedruckten Schicksale von Eichhörnchen aus einem Kasten ziehen

läßt. 5: Nähnadel-Kleinsthändler. 6: Ambulantes Grill-Restaurant. 7: Ganz kleiner, durstiger Kammhändler. 8: Auf dem Rücken zu tragender Limonaden-Ausschank. 9: Kringel-Verkäufer mit Stock voller Kringel und umgehängter, relativ staubdichter Vitrine mit Feingebäck. 10: Vertrieb von Plastiksäcken für alle Zwecke. 11: Speisewagen mit diversen Marinaden zum Sofortverzehr. Im Hintergrund Lastträger, lauter aufrechte Türken, von denen jeder die Transport-Kapazität eines mittleren Kombi-Wagens hat.

hängte die Fetzten sorgfältig über einen Bügel und schuf so eine günstige Verkaufsatmosphäre.

Die Händler mit alten oder kaum gebrauchten Hosen erregten mein besonderes Interesse, weil ich die mir entwendeten Beinkleider hier wiederzufinden hoffte. Aber die Hoffnung trog.

Am Eingang zu den glasgedeckten Hallen des »Großen Bazar« machte sich ein Männchen an mich heran und fragte, ob ich vielleicht einen Arzt benötigte. Sah ich etwa so aus? Der Türke beruhigte mich auf Englisch, drängte mir aber dennoch die Geschäftskarte seines Mediziners auf. Die Ärzte Istanbuls haben also »Anreißer«, genau wie die Teppichhändler, deren Agenten jedem Touristen von früh bis spät am Rocksaum hängen. Einer dieser Vertreter orientalischen Knüpf-Fleißes wollte mir einreden, daß er notfalls sogar den aus vielen Märchen bekannten »fliegenden Teppich« vermitteln könnte.

Wer vom »Großen Bazar« unverfälschtes orientalisches Volksleben erhofft, wird bitter enttäuscht. Das Einkaufszentrum besteht aus schnurgeraden Ladenstraßen mit strahlend hellen, neonbeleuchteten Schaufenstern, in denen Schmuck, Andenken und vor allem Schuhe und nochmal Schuhe angeboten werden. Weibliche Touristen geraten hier erfahrungsgemäß in einen Rauschzustand, aus dem sie erst erwachen, wenn die Reisekasse leer ist.

Nach dem Abwandern der größten Schmuck- und Schuh-Auswahl der Welt landete ich wieder in volkreichen Gassen, wo es an jeder Ecke Dönner-Kebab gab, was nicht etwa ein Unwetter, sondern ein köstliches Lammfleischgericht ist. Obgleich mir der Duft brutzelnder anatolischer Fettsteißhammel aus allen Garküchen verlockend in die Nase stieg, traute ich mich nirgends hinein. Ein flüchtiger Blick ins Innere der Lokale genügte – überall wurden die einfachsten Gesetze mitteleuropäischer Hygiene mit Füßen getreten. Aber den Türken bekommt es ausgezeichnet. Sie haben wohl durch lange Gewöhnung eine Darmflora, die jede eindringende Bakterienmenge mühelos überwältigt.

Von Europens Bakterienfurcht angekränkelt, wollte ich das Mittagessen in einem möglichst keimfreien Restaurant einnehmen, um meinen Aufenthalt nicht vorzeitig wegen innerer Komplikationen abbrechen zu müssen. Was lag da näher als das garantiert hundertprozentig desinfizierte Hotel Hilton? Allzu nahe lag es nicht, denn die US-Karawanserei hat sich jenseits vom Goldenen Horn im vornehmen Stadtteil Beyoglu zehnstöckig angesiedelt. Um dorthin zu gelangen, gab es drei Möglichkeiten:

Erstens: ein öffentliches Verkehrsmittel. Die sind in Istanbul sehr rar und für jeden, der des Türkischen nicht mächtig ist, kaum benutzbar. Wer kennt schon die Endstationen, die als einziger Hinweis an den Omnibussen angebracht sind?

Zweitens: Die »Dolmus«-Gemeinschafts-Taxen. »Dolmus« heißt »gefüllt«, denn diese Taxen sammeln am Straßenrand alle Leute ein, die in dieselbe Richtung wollen. Der Fahrpreis wird geteilt. In Dolmus-Taxen gilt auch ein Schoß noch als Sitzplatz. Man kann in so einem überfüllten Gefährt interessante Bekanntschaften machen, aber für Sprachunkundige ist dieses Volksverkehrsmittel nicht ohne Risiko.

Drittens: Das normale Einzel-Taxi, das den Gast wirklich dort hinbringt, wo er hin will, wenn auch auf Umwegen. Alle Taxen sind amerikanischen Ursprungs, viele führen am Heck noch stolz das schweizerische »CH« oder das deutsche »D« des Vorbesitzers, denn Istanbul ist das Überlaufventil des europäischen Gebrauchtwagenmarktes für schrottreife Straßenkreuzer.

Wenn Istanbuls Taxi-Fahrer nicht am Steuer sitzen, liegen sie unter dem Wagen und binden mit Draht die Teile fest, die abzufallen drohen.

So ein Fahrzeug nahm ich mir und nannte als Fahrtziel das Hilton-Hotel. Diese Adresse genügte, um beim Fahrer einen Wortschwall günstiger Angebote vom Teppich bis zu lebenden Objekten auszulösen. Ich bestand aber auf einer Fahrt zum Hilton.

Als wir die Galata-Brücke überquerten, weiteten sich meine Augen, aber nicht wegen des von Reklametafeln verdeckten herrlichen Panoramas, sondern wegen der ersten hübschen Türkin, die ich an diesem Tage sah. In der Altstadt gab es außer einigen alten Frauen nur Männer, Männer und nochmals Männer auf der Straße. Jenseits der Galata-Brücke, im modernen Istanbul, sah ich auf zwei Kilometer Fahrstrecke mindestens ein Dutzend schöner und schicker Türkinnen zwischen höchstens dreitausend Männern. Ein Beweis für die fortschreitende Emanzipation der türkischen Frau.

Vor dem Hilton-Hotel wurde mir vom fürstlich livrierten Portier das Aussteigen verwehrt. Er scheuchte das Taxi weiter, denn es nahte eine Kavalkade, bestehend aus einer zwanzig Mann starken Motorrad-Polizei-Eskorte in schneeweißem Lederzeug, zwei heulenden Funkstreifenwagen, einem Präsidenten-Cadillac mit bundesdeutschem und türkischem Stander, einem halben Dutzend typischer Regierungs-Limousinen und als Abschluß nochmal ein Haufen Polizei-Motorräder. Das alles hielt vor dem Eingangs-Baldachin des Hilton. Und wer stieg aus dem Cadillac? Der bundesdeutsche Wohnungsbauminister, dessen Name mir leider entfallen ist.

Was machte der hier am Bosporus? Vielleicht war er hergekommen, um den osmanischen Waffenbrüdern den wertvollen Tip zu geben, die Ofenrohre in den Holzhäusern der Altstadt und der Elendsviertel senkrecht nach oben zu führen und nicht, wie bisher allgemein üblich, waagerecht zur Straße hinaus.

Als der von meinen Steuern bezahlte Würdenträger mit seinem Gefolge im Hotel verschwunden war, durfte auch ich eintreten, wenn auch mißtrauisch gemustert von vielen sich für unauffällig haltenden Herren, denen die polizeiliche Schulung aus allen Knopflöchern schimmerte.

Im Restaurant hoch über dem Bosporus umgab mich eine siebzig Damen starke amerikanische Reisegesellschaft, deren Durchschnittsalter bei ebensoviel Lenzen lag.

Jede Greisin trug ein Blechschild auf der Brust, das sie als Teilnehmerin der »Bible-Lands-Tour« auswies. Die Damen, die sozusagen die Bibel abflogen, aßen bei Hilton Hammel am Spieß. Nicht etwa, weil er ihnen schmeckte, sondern weil man laut Speisekarte den orientalisch verzierten Spieß kostenlos als Andenken mitnehmen durfte. Er ragte aus allen Handtaschen, als nach dem Essen zur Stadtrundfahrt angetreten wurde.

Ich fuhr mit.

Die Route war sorgfältig gewählt, um die Augen der transatlantischen Bibel-Tour-Teilnehmerinnen nicht zu verletzen. Wenn Elendsviertel nicht zu umgehen waren, lenkte der Reiseführer die Blicke schnell an einem Minarett hoch.

Wir fuhren an den modernen Universitätsgebäuden und am nagelneuen, aus Stahlbeton und Glas errichteten monumentalen Amtssitz des Oberbürgermeisters vorbei. Daß es hier in Istanbul eine Stadtverwaltung gibt, hatte ich beim morgendlichen Bummel für ziemlich unwahrscheinlich gehalten. Der Prachtbau bewies die ewige Gültigkeit des Sprichwortes: »Der brave Mann denkt an sich selbst zuerst.«

Wir besuchten eine berühmte Moschee nach der anderen. Sie alle waren reichlich mit Blitzableitern ausgestattet, sicher um den (häufig berechtigten) Zorn Allahs abzuleiten. Die Bänke in den Vorhöfen waren mit deutlich lesbaren Bank-Reklamen bemalt, während im Inneren der Moscheen das Gewürm kreuz und quer laufender arabischer Schriftzeichen für uns Ungläubige unleserlich und auf die Dauer ziemlich ermüdend war.

Alles atmete auf, als die Fahrt endlich zum Sultanspalast ging. Er ist kein Palast in unserem Sinne, sondern ein Park mit vielen bungalowartigen Häusern. Und in den Häusern sind Schätze von so ungeheurem Wert angehäuft, daß man damit wahrscheinlich die ganze Türkei sanieren könnte.

Die Führung begann in der von den Sultanen zusammengeschnorrten Porzellansammlung: fast alles Geschenke von Bittstellern oder fremden Potentaten. Die Sammlung füllt die frühere Palastküche, in der 5000 (in Worten fünftausend) Köche gleichzeitig werkelten und die Haremsdamen in die vom Sultan gewünschte Gewichtsklasse hinauffütterten.

Vor dem mit 25 000 Edelsteinen besetzten, kinderstuhlkleinen goldenen Sultans-Thron wurde eine Dame

Die Kuppeln des leider längst geschlossenen Harems der Sultane von Konstantinopel sind ein immer wieder erregendes Fotomotiv, denn sie erinnern an die üppigen Formen der hier seinerzeit verwahrten Damen.

fast ohnmächtig, als sie den Schätzpreis hörte: Fünfzig Millionen Dollar. Dann zeigte uns der Palastführer eine große Tür und behauptete, ohne mit der Wimper zu zucken, sie sei aus dem Holz der Arche Noah. Da haben – wie es im Fachjargon heißt – die Türken wohl einen Türken gebaut.

Wir trabten von Gebäude zu Gebäude, von der Sultans-Waschschüssel aus Gold zur Wiege aus Gold und ertrugen das alles geduldig, weil uns ja als Höhepunkt der Harem bevorstand. Er war jedoch wegen Umbaus geschlossen. Den schubweise anrückenden Reisegruppen blieb nichts weiter übrig, als vor den Haremsmauern liederlichen Gedanken nachzuhängen und bärtige Eunuchenwitze auszutauschen, die herzlich belacht wurden.

Nach der Rundfahrt stand ich mutterseelenallein am Bosporus und fühlte mich trotz des Heftchens mit wertvollen Hinweisen und deutscher Übersetzung der wichtigsten türkischen Wörter ziemlich hilflos. Einer Sprache, in der Tabak »tütünü«, verboten »japilmatz« und abschleppen »getirebilirmiyiz« heißt, ist nicht jeder gewachsen.

In meiner Verzweiflung nannte ich einem Taxifahrer den Namen der türkischen Zeitung, die jahrelang mein erfolgreichstes Kind durch ihre Spalten laufen ließ, den spitzköpfigen Meisterdetektiv Nick Knatterton. Als hilfesuchender Vater einer Phantasiefigur kam ich in die Redaktion und erlebte nun die grandiose Gastfreundlichkeit der Türken. Jeder hatte sofort Zeit für mich. Nach einigen Täßchen türkischen Mokkas wurde ein deutsch sprechender Lokalreporter damit beauftragt, mir Istanbul zu zeigen. Er hieß Özkan und wurde mein Aladin mit der Wunderlampe.

Er führte mich zu Sritki Yener, dem »König der Hippies«, der in der Altstadt eine Kneipe betreibt, die zum Treffpunkt der deutschen, skandinavischen und englischen »Blumenkinder« wurde, die sich auf Trampfahrt zu den asiatischen Hanf-Anbaugebieten mit »Stoff« versorgen. Wer abgebrannt ist, bekommt von Yener eine kostenlose Mahlzeit.

Vor der Tür des Hippie-Umschlagplatzes stand ein zerfledderter VW mit deutscher Nummer. Die buntgekleideten und mit Haaren weitgehend zugewachsenen Insassen schienen ziemlich »high« zu sein und lächelten mich glasig an.

In der Abenddämmerung bummelten wir durch Gassen, die ich allein niemals zu betreten gewagt hätte. Aber Özkan überzeugte mich sehr schnell, daß hier ehrliche, kreuzbrave Leute wohnten, die sich durch ihre Armut keineswegs zur Kriminalität verpflichtet fühlten.

Wir gingen in ein Fischrestaurant, das von außen und auch von innen wie eine Armenküche aussah. Das Lokal war ausschließlich von Männern besetzt, wie die anderen Gaststätten auch, an denen wir vorher vorbeigekommen waren. Ich fragte Özkan, ob das alles Junggesellen wären, ohne Heim, Frau oder Geliebte.

»Die sind alle verheiratet«, lächelte mein türkischer Mentor, »aber die Frauen müssen zu Hause bleiben, weil das Geld nicht langt, um zu zweit ins Restaurant oder ins Café zu gehen. Es langt nur für einen, und das ist natürlich der Mann!«

Er gestand mir dann aber, daß auch die Eifersucht und der Alleinbesitz-Anspruch schuld daran sind, daß die Frauen zu Hause bleiben müssen. Viele Türken-Gattinnen dürfen nicht einmal einkaufen gehen, die Lebensmittelhändler kommen mit ihren Wägelchen vor die Haustür, die eingesperrte Hausfrau läßt an einem Seil einen Korb hinunter und zieht die Einkäufe dann hoch. Das sollten alle deutschen Mädchen wissen, die einem geliebten Türken in seine Heimat zu folgen gedenken.

Die Höflichkeit gebot mir, das Lokal hübsch, gemütlich und anheimelnd zu finden. Bald merkte ich, daß es ein Mekka für Feinschmecker war. Das Abendessen begann damit, daß der Wirt ein Dutzend Schüsseln mit Seegetier-Vorspeisen auf den Tisch stellte: Gefüllte Muscheln, Muscheln in Weinsud, Krabben auf vielerlei Art angerichtet, gekochte Fischchen, gebratene Fischchen, Langustinen, Tintenfische – eine Vorspeise schöner als die andere. Mein Gaumen jubelte, eifrig sprach ich dem mit Eiswasser verdünnten Anisschnaps »Raki« zu und pfiff auf die Ratschläge aller türkeierfahrenen Freunde, die mich in Deutschland gewarnt hatten: »Keinen Fisch, keinen Salat, kein Obst, kein Wasser – andernfalls kannst du dein Hotel nicht mehr verlassen!«

Ich aß von allem, was kam und streikte erst, als der Wirt eine Vase voll tropfender, roher Chicoréeblätter von unglaublichen Ausmaßen anschleppte, wie sie nur bakteriengesättigte Rieselfelder hochtreiben können.

Özkan flüsterte mir zu: »Sie *müssen* das essen, es wurde herübergeschickt!«

Und so lernte ich den schönen türkischen Brauch des »Herüberschickens« kennen: Wenn ein Türke im Lokal einem fremden Gast eine Freude machen oder ein Gespräch anknüpfen möchte, schickt er ihm irgendein Gericht, das der Empfänger mit einer höflichen Verbeugung und freudigem Gesichtsausdruck zu verzehren hat. Revanchieren darf man sich nicht, das wäre eine schwere Beleidigung. Ich knabberte also ein Dutzend der riesigen, leitungswassergetränkten Blätter in mich hinein, dem hochherzigen Spender sowie einer Amöbenruhr gefaßt ins Auge blickend.

Nach einem zwiebelreichen Hauptgericht, das nicht ohne Grund »Der Imam fiel in Ohnmacht« hieß, und nach einigen supersüßen Desserts namens »Jungfrauennabel« und »Wesirfinger« setzte sich der Herüberschicker zu uns und nahm den mit Chicoréeblättern geknüpften Kontakt auf.

Er hatte wie so viele Türken in Deutschland gearbeitet, wollte mir unbedingt den Abend verschönern und fragte: »Haben Sie gern türkische Musik?« Ich lächelte bekniffen, aber da verschwand er schon hinaus auf die Straße und kam kurz darauf mit einem alten Zigeuner herein, der eine Hirtenflöte und eine dralle, glutäugige Tochter mit sich führte. Der Zigeuener setzte sich zu uns und entlockte seinem Instrument aufpeitschende orientalische Volksweisen. Dazu ließ die kastagnettenschwingende, mit strammem Minirock und Pullover bekleidete Suleika ihren kleinen Kugelbauch kreisen, wippen und zucken, als hätte sie einen Fußball verschluckt. Dieser Bauchtanz auf engstem Raum zwischen gedeckten Tischen stellte alles in den Schatten, was in den teuersten Nachtlokalen zwischen Casablanca und Istanbul geboten wird.

Nach dem als Gastgeschenk überreichten Schauspiel wohnten wir auf der Straße noch den Vorführungen eines Tanzbären bei und besuchten einige Kaffeehäuser, die auf den ersten Blick den Eindruck von Obdachlosenasylen machten. Zwischen kahlen, abblätternden Wänden hockten dicht an dicht an schäbigen Tischen unter einigen von der Decke baumelnden schwachen

Wie tief trotz aller Aufklärungswellen gewisse Vorurteile bei weiblichen Touristen verwurzelt sind, kann man täglich bei Istanbuls zutraulichen Störchen beobachten, die in den Vorhöfen einiger Moscheen leben.

Glühbirnen diskutierende Männer. Sie tranken Tee oder türkischen Kaffee, spielten Domino oder Karten und redeten, redeten, redeten. Und zwar, wie Özkan mir versicherte, in ungeheuer blumenreichen, poetisch ausgeschmückten Sätzen. Die Türken gelten als männliche Klatschbasen, die allabendlich die wichtigen und unwichtigen Ereignisse des Viertels gründlich durchhecheln, wobei die orientalische Phantasie wilde Blüten treibt.

Kein einziges Mal fiel ein böses oder unfreundliches Wort. Der einfache Türke bleibt, auch wenn ihm die Kleidung in Lumpen vom Leibe hängt, stets ein Herr.

An einem primitiven Straßenausschank tranken wir zum Abschluß des Abends ein Bier inmitten zerlumpter Lastträger. Einer von ihnen schickte als Gastgeschenk einen kleingeschnittenen, kunstvoll auf einem Teller arrangierten Apfel herüber. Dann kam er selber und erzählte, er sei zum Komiker geboren und würde gerne in Deutschland auftreten. Eine lautstarke Probe seines Könnens ließ rundherum in den Fenstern der oberen Stockwerke die daheimgebliebenen Ehefrauen auftauchen.

Obgleich ich kein Wort verstand, war es einer der heitersten Abende meines Lebens. Ich fürchtete nur, daß er für meinen Magen nicht ohne Folgen bleiben würde.

Was hatte ich nicht alles an angeblich gefährlichen Dingen gegessen! Undefinierbares Seegetier mit Haut und Haaren, Chicorée mit Wasser, Apfel mit Bier – es ist mir alles vorzüglich bekommen. Lag das an der so überaus herzlichen Atmosphäre oder am fleißig genossenen Raki, dem fünfzigprozentigen Schnaps, der auch für gläubige Mohammedaner nicht unter das Alkoholverbot des Propheten fällt, weil es dieses perfekt desinfizierende Getränk zu Mohammeds Zeiten noch gar nicht gab? Folglich, so schließen die emsig kümmelnden Türken messerscharf, konnte Mohammed es nicht verbieten.

Gegen Mitternacht fuhren wir hinaus zu den hocheleganten Lokalen am Ufer des Bosporus, in denen die wenigen Türken speisen, die so reich sind, daß sie ihre Gattin mitnehmen können. Schmuckbehängt und in Modellkleidern entstiegen die voll emanzipierten Damen schweren Luxuswagen. Diese Schicht ist so klein, daß man über sie gar nicht zu reden braucht.

Wanderer, kommst du zu den armen Türken, kannst du wahre Wunder an Gastfreundschaft, Herzlichkeit und Entgegenkommen erleben. Das entschädigt reichlich für die eingangs erwähnte »trockene Dürre, die leicht mit Schmutz verwechselt wird«.

Und nicht vergessen: Feste Raki trinken!

Auf Kreuzfahrt mit Frau Meier

Wo weht der Duft der großen weiten Welt ganz besonders intensiv? Dank einer Zigarettenreklame wissen wir es alle: Am vollsten bekommt man die Nase von diesem erregenden Duft, wenn man sich auf Kreuzfahrt an Bord eines Ozeanriesen begibt.

Den großen, weiten Weltduft wollte auch ich mal schnuppern und bestieg deshalb im Hafen von Istanbul ein blütenweißes Schiff, das die italienische Flagge am Heck führte und schon seit acht Tagen mit einer Urlauberladung im Mittelmeer unterwegs war.

Als ich das Fallreep des schwimmenden Ferienparadieses hochkletterte, hingen die bereits altgedienten Passagiere dicht an dicht über die Reling und ließen soviele prüfende Blicke auf mich herunterfallen, daß ich fast in die Knie ging. Alle Augenpaare schienen zu fragen: »Ist dieser Neuzugang ein Gewinn für unsere Bordgemeinschaft? Ist er ein fleißiger Tänzer, ein witziger Plauderer, ein geselliger Trinker und vor allem einem kleinen Abenteuer nicht abgeneigt?« In einer Person vereint ergeben die vier Eigenschaften nämlich den idealen Kreuzfahrer.

Oben angekommen, wurde die aus der Vogelschau vorgenommene Inspektion durch diskrete Seitenblicke ergänzt. Ich hatte das Gefühl, von einigen Damen bereits im Geiste vernascht zu werden. Aber vielleicht war es auch nur Enttäuschung, was da aus den Augenwinkeln blitzte.

Errötend folgte ich dem Steward, dessen erfahrener Röntgenblick aufgrund von Details meiner Garderobe und der Gepäckstücke das zu erwartende Trinkgeld vorauskalkulierte.

Der Weg zur Kabine führte an vielen Richtungspfeilen vorbei, die meinem Seereiselustgefühl einen kleinen Dämpfer aufsetzten: Unter jedem Pfeil stand »Zu den Rettungsbooten!«

Ich verhielt vor einem schwarzen Rahmen, in dem die wissenswertesten Sirenentöne (nicht im Sinne von »Meerjungfrauen«) aufgeführt waren. Demnach geben sieben kurze und ein langer Sirenenton die Aufgabe des Schiffes bekannt, ein Vorgang, an den man nur ungern denkt. Für kleinere Mißhelligkeiten wie »Mann über Bord«, »Feuer« und ähnliches waren kürzere Signale vorgesehen.

Im Weitergehen fiel mir die lange, auf der Rückseite des Tickets ganz klein gedruckte Liste der Katastrophenfälle ein, die eine Haftung der Reederei ausschlossen. Das fing an mit Aufruhr und ging über höhere Gewalt, Kriegseinwirkungen, Materialfehler bis zu Unfällen durch (ich zitiere wörtlich) »Unfähigkeit des Kapitäns«. Der letztere Passus wird von weiblichen Seereisenden häufig mißverstanden.

Als der Steward mich in meiner Kabine alleinließ, wurde die so kräftig genährte unheilschwangere Stimmung noch verstärkt: Beim Öffnen des Kleiderschrankes stand ich der dort angebrachten, reich bebilderten Anweisung zum Anlegen der Rettungsweste gegenüber.

»Im Falle eines Falles – welches Rettungsboot können Sie mir empfehlen? Und vor allem möchte ich sehr gern wissen: In welches Rettungsboot gehen S i e?«

Jeder Leser wird verstehen, daß ich sie noch vor dem Kofferauspacken vor dem Spiegel anprobierte.

In der sehr guten Zeit von vier Minuten zwanzig Sekunden wurden von mir alle Schleifchen vorschriftsmäßig zugeknippert.

Da klopfte es, der Steward kam herein und machte ein Gesicht, als hätte er noch nie im Leben einen Mann mit Schwimmweste gesehen.

Nach diesem privaten Probe-Alarm kam das, was an jeder Kreuzfahrt das Schönste ist: die »Inbesitznahme« des Schiffes durch einen Rundgang über alle Treppen und Decks, verbunden mit Inaugenscheinnahme der Mitreisenden, an die man nun für einige Zeit in Freud und eventuell sogar in Leid (siehe oben »Notsignale« und »Katastrophenfälle«) gekettet ist.

Die meisten Passagiere hatten die besten Jahre mehr oder weniger weit hinter sich. Trotzdem war die von einem etwa dreißigjährigen Grünschnabel spitz hingeworfene Bemerkung »Das ist ja ein schwimmendes Altersheim« stark übertrieben und, da sie auch mich einschloß, geradezu geschmacklos.

Die an Bord vorherrschende Sprache war dank der Aktivität eines Stuttgarter Reisebüros unverfälschtes Schwäbisch. Die geschichtsreiche Ägäis, auf deren Wellen wir in den nächsten Tagen schaukelten, sollte für mich zum schwäbischen Meer werden.

Das Ablegen des Schiffes von der türkischen Hafenmauer wurde von allen an der Reling stehenden Passagieren sorgfältig überwacht. Schwäbischerseits wurde moniert, daß in diesem erhebenden Moment nicht das vertraute und an die Tiefen der Touristenseele rührende »Muß i denn, muß i denn zum Städtele hinaus« erklang. Statt dessen quakten pausenlos viersprachige Durchsagen aus den auf allen Decks verteilten Lautsprechern. Unter anderem wurde Frau Meier aus Stuttgart zunächst englisch, dann französisch, italienisch und schließlich auf Hochdeutsch gebeten, zum Zahlmeister zu kommen, obgleich sie, wie ich später merkte, keiner dieser vier Sprachen mächtig war.

Wir fuhren hinaus in den Bosporus, vorbei an der Silhouette Istanbuls mit seinen im Sonnenlicht blitzenden Kuppeln und Minaretten. Die Kreuzfahrer warfen einen letzten Blick auf das Panorama und faßten die Eindrücke der am Vormittag absolvierten Stadtbesichtigung dahingehend zusammen, daß die Sauberkeit stark zu wünschen übrig lasse. Diese auf scharfer Beobachtungsgabe beruhende Erkenntnis war auch nach allen späteren Landausflügen das allabendlich gezogene Fazit eines erlebnisreichen Tages. Und jedesmal wurde hinzugefügt, daß die Leute es doch nur so zu machen brauchten wie wir in der Bundesrepublik, um reich, sauber und glücklich zu werden. Aber die wollen anscheinend nicht.

Der Gong rief zum Mittagessen. Mit etwas Herzklopfen betrat ich den Speisesaal, denn für den Erfolg der Kreuzfahrt eines Einzelreisenden ist es von entscheidender Bedeutung, mit wem er nach dem Willen des allmächtigen Oberstewards an einen Tisch gesetzt wird. Wer hoffte in dieser Situation wohl nicht auf ein charmantes, mit allen körperlichen Reizen des anderen Geschlechts ausgestattetes Gegenüber? Ich hoffte auch, aber wie immer vergebens. Man plazierte mich an ein Tischchen mit einem einzigen Gedeck und Blick auf die Klapptür zur Küche. Eine Art Isolierstation.

Dennoch gelang es der am Nebentisch mit ihren Kränzchenschwestern residierenden Frau Meier aus Stuttgart, anläßlich des vorbeirollenden Vorspeisewagens mit mir Kontakt aufzunehmen.

Sie riet mir, welche Hors d'oeuvres ich nehmen sollte, und ich gehorchte. Während des Essens warfen die munteren Matronen hin und wieder ein Scherzwort herüber, das ich jeweils zu quittieren hatte.

Nach dem Lunch, wie das Mittagessen offiziell heißt, wurde ich vom Decksteward für die Dauer der Reise

Höhepunkt eines jeden Bordfestes ist der beliebte »Zitronen-Tanz«, bei dem die Partner mit ihren Stirnen eine Zitrone festhalten müssen. (Es kann auch ein

in einen Deckstuhl eingewiesen, der mit meinem Namen und der Kabinennummer geziert war. Unmittelbar an meinem linken Ellenbogen führt eine vielbegangene Treppe zum nächsthöheren Deck, rechts war ich auf Tuchfühlung direkter Anlieger von Frau Meier.

Der aufmerksame Stuhlbetreuer hatte unsere Annäherung im Speisesaal beobachtet und daraus die Konsequenzen gezogen. Der weitere Verlauf meiner Kreuzfahrt war damit von ihm vorgezeichnet. An Frau Meiers Seite durfte ich nun tagelang die ozonreiche Mee-

Apfel oder eine Orange sein.) Die Tänzer dürfen die Frucht mit allen Körperteilen am Fallen hindern, nur die Hände dürfen sich keinesfalls daran beteiligen.

resluft und so manches andere einsaugen. Meine Nachbarin stand nämlich in einem ununterbrochenen, äußerst regen Gedankenaustausch mit ihren Landsmänninnen, deren Deckstühle einen geschlossenen und unangreifbaren Block bildeten.

Um nicht mehr als nötig ins Gespräch gezogen zu werden, schloß ich die Augen und konnte nun einen der größten Vorzüge der Kreuzfahrerei genießen: Die umfassende Weiterbildung im Halbschlaf. Der frische Seewind blies mir ein komplettes Handbuch des Wissens ins Ohr. Auf dem Meer des Odysseus lernte ich haarklein die Vorteile eines Steckkontaktes auf dem Küchenbalkon kennen, hörte viele praktische Winke für Haus und Garten, erfuhr Allgemeingültiges über Liebe, Ehe und Tod sowie ein bewährtes Rezept gegen offene Beine.

Um fünf Uhr nachmittags wurden im Salon Tee und Kleingebäck gereicht, das der Stehgeiger der kleinen Bordkapelle mit sogenannten »Charakterstücken« aus der Zeit um die Jahrhundertwende musikalisch bestrich. Die Zeit verging nicht wie im Fluge, und das ist ja gerade das Erholsame an einer Schiffsreise, die einem stets doppelt so lang vorkommt, wie sie wirklich dauert. Man gewinnt also zusätzliche Urlaubszeit.

Eine Stunde vor dem Abendessen verschwanden alle Damen von der Bildfläche. Sie zogen sich in ihre Kabinen zurück und um. Der täglich bis zu zehnmalige Garderobenwechsel gibt dem Bordleben seine farbigen Akzente und wirkt auf die weibliche Psyche stark geltungstriebstillend.

Der aufmerksame Speisesaal-Steward hatte inzwischen mein Isoliertischchen an die munteren Schwäbinnen herangerückt. Durch ein seltsames Spiel des Zufalls hatte Frau Meier eines meiner Bücher als Reiselektüre mitgenommen und überhäufte mich während des Essens mit Tips, was ich noch schreiben müßte.

Nach dem Dinner hatte man die Wahl zwischen Kino und Bingo. Die meisten entschlossen sich für das Glücksspiel Bingo, weil es weit mehr Spannung vermittelt als die meisten Filme. Die Mitspieler bekamen Tafeln mit 24 kleinen Fenstern, in denen jeweils eine Zahl zwischen 1 und 99 stand. Jede Tafel hatte eine andere Zahlenmischung und jedes Fenster einen Schieber, mit dem man es schließen konnte. Der Zahlmeister wanderte mit einem Säckchen herum, in dem sich Kugeln mit 99 Nummern befanden. Mehrdeutige Witzchen reißend ging er von Dame zu Dame, jede durfte hineingreifen und eine Kugel ziehen. Wer die betreffende Nummer hatte, durfte sie auf seiner Tafel zuschieben, und wer als erster alle Fenster zu hatte, war der Gewinner einer Flasche Whisky oder einer Stange Zigaretten.

Nach zwei Stunden emsigen und erregenden Nummernschiebens spielte dann die Bordkapelle, die sich inzwischen mittels bunter Smokings als Beatband verkleidet hatte, zum Tanz.

Dem überreichen Angebot unternehmungslustiger Endvierzigerinnen stand trotz angeblich gefühlsstimulierender Schiffsvibration die nur ganz schwache Nachfrage einiger weniger Herren gegenüber. Aber der Kapitän wußte, was er den ihm anvertrauten Kreuzfahrerinnen schuldig war und warf seine Offiziere bis zum letzten Mann an die Tanzfront.

Sie taten ihre im Anstellungsvertrag der Reederei schriftlich festgelegte Damenschwenkpflicht. So mancher schien dabei von einem ruhigen Job auf einem biederen Frachtdampfer zu träumen.

In den Tanzpausen versuchten der eine oder andere Litzen-Träger, sich in die zweite Klasse zu verdrücken, wo das Durchschnittsalter um 25 Jahre tiefer lag. Solche Deserteure tauchten meist nach kurzer Zeit wieder auf, wenn auch etwas verstört. Ich wurde den Verdacht nicht los, daß der 1. Offizier sie in der zweiten Klasse aufspürte und nach antikem Seemannsbrauch mit der neunschwänzigen Peitsche in den Ballsaal zurücktrieb.

Wie oft las man in Kunstgeschichten und Reiseführern, daß in den klassischen Ruinen die Steine reden! In Ephesus reden sie wirklich, dank dreisprachiger Beschilderung an den interessantesten Stellen: Türkisch, Deutsch und Englisch. So kann der Tourist seinen

Fremdsprachschatz erweitern und an einem ganz speziellen, seit zweitausend Jahren vorübergehend geschlossenen Etablissement sinnenfrohe Andenkenfotos machen. Dem Spiel der Phantasie sind nur vom Anstand bescheidene Grenzen gesetzt.

Am nächsten Morgen fuhren wir ein in den Hafen von Izmir, des früheren Smyrna. Frau Meier rief entzückt aus: »Wie an der Mosel!«

Sie hatte die bei Reisenden häufig auftretende Vergleichs-Manie. Alles war wie irgendwo anders, so daß sie sich die teure Kreuzfahrt eigentlich hätte sparen können. Aber vielleicht verglich sie auch nur, um ihre Weitgereistheit laut kundzutun.

Von den sattgrünen Hügeln Izmirs grüßten uns die haushohen, an Stahlgerüsten montierten Reklamen der türkischen Banken. Wir legten neben einem zur Verteidigung derselben bereiten U-Boot und einem Kreuzer an, was die männlichen Relingsteher zu fundierten Kommentaren über die dank islamischer Religion besonders erfreuliche Kampfkraft türkischer Soldaten veranlaßte.

Die Passagiere wurden mit Lunchpaketen ausgerüstet und in Omnibussen der Firma »Abdullah Tourism« abgefüllt. Frau Meier saß mir zur Seite, als wir gen Ephesus rollten. Mit hellwachen Äuglein und glasklarer Stimme stellte sie fest, daß Izmir sauberer sei als Istanbul, unsere Scheibe jedoch schlecht geputzt und der schwarzgelockte Fahrer schöner als alle Schiffsoffiziere zusammen.

Der anatolische Lenkradvirtuose hatte seinen Führerschein mit Klebestreifen an der Windschutzscheibe befestigt, mit künstlichen Rosen umrahmt und mit Amuletten behängt. Letztere nahm ich ernst, als mein Blick in einen Abgrund fiel, in den ein »Abdullah-Tourism«-Bus gefallen war und nun alle vier Räder nach oben streckte. Der hatte sicher keine Amulette mitgeführt.

Wir rasten durch die fruchtbare anatolische Landschaft. Auf den Feldern standen in kleinen Gruppen kugelrunde, blühende Büsche, und an einigen Bäumen hingen dicke, kunterbunte Blütendolden. Bei näherem Hinsehen entpuppten sich die Büsche allerdings als wuchtige Gesäße in blumenreichen Pluderhosen. Sie gehörten Bäurinnen, die tiefgebückt und mit dem Rükken zur Landstraße Stecklinge setzten und ihre Kleinstkinder in ebenso bunten Beuteln in die Bäume gehängt hatten.

Da tauchten plötzlich am Straßenrand die ersten Kamele dieser Kreuzfahrt auf und lösten in vierzig Kehlen den Schrei aus: »Ha-a-alt! Das müssen wir fotografieren!«

Die Kameras kreisten, denn jeder wollte sich mit einem Kamel auf dem eigenen Film haben. Frau Meier monierte, daß die armen Tiere so ungepflegt seien: »Man möchte am liebsten erstmal mit Kamm und Bürste rangehen!« Wenn es nach ihr ginge, müßten die Kameltreiber ihre Wüstenschiffe für den Fremdenverkehr ondulieren.

Der nächste Foto-Stop wurde in Elbirlik gemacht, wo auf den antiken Säulen Störche nisten. Diese notorischen Pillen-Gegner hatten für meine Mitreisenden längst jeden Schrecken verloren und gaben Anlaß zu vielen laut belachten Anspielungen.

Durch die Ruinen von Ephesus führte uns ein nach eigenen Angaben »Fimwumackzig«-jähriger Türke. Er war von »Abdullah-Tourism« wohl mit Bedacht ausgewählt worden, um den Kreuzfahrern das Gefühl des Noch-sehr-Jungseins zu vermitteln. Der Greis gab vor, deutsch zu sprechen, aber der einzige allgemein verständliche und häufig wiederkehrende Satz lautete: »Ihr hier befinden in Heimat von Hummer!«

Ehrfürchtig stand ich vor den Trümmern der Stadt,

die der Welt dieses schmackhafte Schalentier gab. Später stellte sich durch Zufall heraus, daß es sich nicht um Hummer, sondern um den altgriechischen Dichter Homer handelte.

Die Ruinen von Ephesus sind sehr weitläufig, aber die schönsten im ganzen Mittelmeerraum. Die antike Hafenstadt war, soweit wir den Erklärungen unseres Türkengreises folgen konnten, berühmt für ihre Tempel, Tavernen, Freudenhäuser und Kurtisanen. Vor einigen geborstenen Säulen verhielt der radebrechende Mentor und sagte: »Dies ist Haus von Hera. Die war ewige Flamme!«

Da konnte man Frau Meier nicht übelnehmen, daß sie zu wissen begehrte, *wessen* ewige Flamme jene Hera war. Der Ruf des antiken Götterhimmels war ja nicht der beste.

Nach schweißtreibendem Abtraben von Stadion, Theater und Tempeln näherten wir uns dem Ausgang des eingezäunten und scharf bewachten Ausgrabungsgeländes. Da hob unser Türke unter geheimnisvollem Getue und sich ängstlich nach allen Seiten umblickend eine Handvoll klitzekleiner Kiesel auf, ließ jeder der Damen einen davon in die Handtasche gleiten und flüsterte: »Nix verraten! Ist streng verboten, auch nur Staubkorn mitnehmen!«

Diese Masche, aus Kieselsteinchen klingende Trinkgeldmünze zu machen, verdiente unser aller Bewunderung. Vor unseren Augen schaufelte gerade ein Greifbagger solche Kiesel kubikmeterweise in einen Lastwagen, um weitere Ausgrabungen möglich zu machen.

Für eine halbe Stunde wurden wir den Händlern mit Onyx- und Alabaster-Andenken zur Bearbeitung freigegeben. Dann bestiegen wir die Omnibusse, um zur »letzten Wohnung der Jungfrau Maria« zu fahren. So stand es jedenfalls auf den Wegweisern und auf riesengroßen Plakaten am Wege. Vierzig Minuten lang donnerten wir eine steile, lebensgefährliche Serpentinenstraße hoch, landeten in tiefster Bergeinsamkeit auf einem großen Parkplatz mit Sonderpostamt und wurden in einen Wirtsgarten geführt, wo wir unter dem großen Schild »Verbot zu picknicken! Ort des Gebetes!« an extra für diesen Zweck bereitgestellten Tischen unsere Lunch-Pakete öffneten und verzehrten. Der Wirt sah das gerne, denn für die von ihm servierten Getränke nahm er den Preis eines vollen Menus, das wir selber mitbrachten.

Frisch gestärkt besichtigten wir dann Marias letzte Wohnung. Darüber möchte ich mich nicht weiter äußern, obgleich alle Historiker, Wissenschaftler und sogar viele Kleriker auf meiner Seite stehen. Für eindrucksvolle Andenkenfotos jedenfalls sehr geeignet und zu empfehlen.

Der alte Türke wies auf den Brunnen vor dem kleinen Hause und sagte wortwörtlich: »Dies Sie sehen ist swimming-pool von Jungfrau Maria und erstes Zimmer in Haus ist ihr Salon.« Wunder des Fremdenverkehrs!

Bei der rasenden Talfahrt gab der bildschöne Fahrer dem Wunsch Frau Meiers nach, unmittelbar hinter einer Haarnadelkurve zu halten, damit sie ein Foto des Panoramas von Ephesus machen konnte. Jeder der hinter uns ahnungslos um die Kurve sausenden Omnibusse hatte eine reelle Chance, uns in den Abgrund zu torpedieren.

Von der für uns gar nicht zuständigen Hand Allahs beschützt, kamen wir wider Erwarten heil in Izmir an.

Vor neuerlichem in-See-stechen wollte ich noch im Hotel »Efeso« ein lukullisches Mahl einnehmen, das mich für das Lunch-Paket entschädigen sollte. In diesem Hotel war nämlich ein berühmter und mit vielen Medaillen dekorierter Koch tätig, wie ich aus kompetenten Quellen wußte.

Der Ober verkündete mir eine Trauerbotschaft: Die Perle der Köche war vor zwei Wochen anläßlich eines Streites um eine Sauce von einem heißblütigen Küchengehilfen mit einem Tranchiermesser erstochen worden. Welch schöner und standesgemäßer Tod für einen Meisterkoch!

Der Himmel hatte sich verdüstert, wir stachen in eine stark bewegte See. Für die Reederei war das ein Geschenk des Himmels, denn Passagierschiffe werden erst durch schlechtes Wetter rentabel: Die meisten Gäste verlangen dann nur ungesüßten Tee, Haferschleim und etwas Toast. Auch die abendliche Geselligkeit litt unter dem Seegang, obgleich die Bordmusiker sich bis auf den grünlich schimmernden Pianisten als seefest erwiesen und die Füße ihrer Notenständer durch aufgesetzte Gummipfropfen rutschfest gemacht hatten. Aber sogar Frau Meier wurde still, und das will was heißen. Die Schaukelei hörte erst auf, als wir am nächsten Morgen im Hafen von Piräus einliefen.

Frau Meier war sofort wieder top-fit, lehnte sich über die Reling und stellte fest: »Nicht wiederzuerkennen! Da sehen Sie mal, was eine starke Hand ausrichten kann! Der ganze Dreck ist weg!«

Tatsächlich, der mir aus früheren Zeiten vertraute Melina-Merkouri-Hafen war bis zur Unkenntlichkeit verschönert: Riesige Blumenrabatten, in den Landesfarben kunstvoll komponiert, Hecken mit militärischem Haarschnitt, Fahnen noch und noch, aber das Schönste war das riesige Emblem der neuen Herren, das drei Stockwerke hoch am Hafengebäude befestigt war: Ein Vogel Phönix mit durchscheinendem Bauch, und darin die Silhouette eines sein Gewehr präsentierenden Soldaten, unter dessen Gesäß Flammen züngelten.

Das erinnerte mich an meine unvergessene Dienstzeit, als der Feldwebel zu brüllen pflegte: »Ich werde euch Feuer unter dem..... machen, daß die..... kocht!«

Am deutlichsten wurde der Umschwung im freiheitsdurstigen Lande der Hellenen, als das Fallreep heruntergelassen wurde und Polizisten mit einem Telefon an Bord kamen, dessen nach hinten abrollende Schnur die Beamten über einen Steckkontakt in der Kaimauer mit der Zentrale des Militär-Regime-Sicherheitsdienstes in Athen verband. Das machte sofortige Rückfragen bei der Paßkontrolle möglich.

Die Stuttgarterinnen waren in den Geheimarchiven noch unbescholten und konnten sofort an Land gehen. Bei mir machte die hochverdächtige Berufsbezeichnung »Journalist« längere Nachforschungen nötig. Zu meiner Schande muß ich gestehen, daß man mich passieren ließ.

Auf die für alle Passagiere mit einwandfreiem Vorleben offene Athen-Rundfahrt habe ich verzichtet und einen kurzen Bummel durch den Hafen von Piräus gemacht. An jeder Ecke wurde mit schwarzen Brillen gehandelt, unentbehrliches Requisit für Leute, die nicht erkannt werden wollen. Ein neues Strip-tease-Cabaret mit dem Namen »Kennedy« hatte sich in der ehemaligen »Sonntags-nie«-Gasse etabliert, und etwas weiter lockte das Plakat »Deutsche Kneipe!« in »Josefs Weinstube zur guten Laune«.

Da bin ich wieder an Bord gegangen und verfolgte über die Reling ein Fußballspiel, das auf dem Kai von den Mannschaften zweier nebeneinanderliegender Schiffe ausgetragen wurde und dessen Reiz darin bestand, daß der Ball immer wieder aus dem Hafenbekken herausgefischt werden mußte.

Als Frau Meier von der Athen-Besichtigung zurückkehrte, war sie des Lobes voll über die Sauberkeit, die nur noch stellenweise zu wünschen übrig ließ.

In der Abenddämmerung schob sich unser Amüsierkreuzer im Schritt-Tempo durch den Isthmus von Korinth, dessen Wände man mit ausgestrecktem Arm fast berühren konnte. Mit Recht sagte Frau Meier: »Hätten die faulen Köppe den Kanal damals etwas breiter gegraben, könnten wir mit Karacho durchzwitschern!«

Und dann wurde uns der Höhepunkt jeder Seereise beschert: Das »Captains Dinner« mit anschließendem Bordfest.

Als Kapitän und Offiziere in schneeweißen Gala-Uniformen den vollbesetzten Speisesaal betraten, rauschte gewaltiger Applaus auf. Er sollte den Dank dafür ausdrücken, daß diese Männer uns bisher glückhaft an allen in den Transportbedingungen kleingedruckten, haftungausschließenden Katastrophenfällen vorbeigeführt hatten.

Die Köche gaben ihr Bestes, und der Kapitän gab eine Rede zum besten, in der er uns viele schöne Reisen wünschte, natürlich nur auf den Linien seiner Reederei.

Im Namen der Passagiere drückte die schwäbische Reiseleiterin Dank, Bewunderung und noch vieles andere aus, was ihr unter dem Herzen lag. Lustige Papierhüte und Luftschlangen wurden ausgegeben, die Musiker entsicherten ihre Instrumente, das bacchantische Bordfest begann.

Der als »Maître de plaisir« fungierende Zahlmeister, eine nicht für möglich gehaltene Kreuzung aus Kulenkampff und Frankenfeld, arrangierte jene bewährten Tanzspiele, die blitzschnellen Partnerwechsel erfordern und so allen Damen zu ihrem Recht verhelfen.

Es wurde ein rauschendes Fest. Einen ganzen Walzer lang lag Frau Meier selig in den Armen des 1. Ingenieurs, der sich am Abend vorher gerühmt hatte, jede, aber auch jede Maschine in Gang bringen zu können. Nun bewies er es.

Der nächste, etwas verkaterte Tag verging mit Deckspielen (das ist nicht etwa ein Begriff aus der Viehzucht, wie Frau Meier zunächst errötend glaubte) und gründlichem Durchsprechen des vergangenen Abends.

Bei Einbruch der Dämmerung durchfuhren wir die Straße von Messina und wurden dann in stockdunkler Nacht über Lautsprecher an Deck gerufen, um am Stromboli zu schnuppern. Dieser alle sieben Minuten am Kraterrand rosa aufleuchtende Vulkan war in der Finsternis kaum zu erkennen und nur mit der Nase an seinem brenzligen Geruch erkennbar.

Der kaum ernstzunehmende Obersteward wollte uns einreden, daß im Krater ein Vulkanwächter auf ein Funksignal vorbeikommender Kreuzfahrt-Schiffe einen Haufen alter Zeitungen anzündet und dafür von den Reedereien, die ihren Passagieren etwas bieten wollen, entlohnt wird. Aber vielleicht hatte der Obersteward doch recht, denn der Krater leuchtete plötzlich kurz auf. Im Fremdenverkehr ist nichts unmöglich.

Und wieder ging ein schöner Tag zu Ende, wie Frau Meier auf dem Heimweg in die Kabine so treffend zu singen pflegte. Es kamen noch eine ganze Reihe: In Neapel, Marseille und Genua. Überall genossen wir das herrliche Gefühl, nach der Besichtigung von vielerlei pittoreskem Elend stets auf unser im Hafen liegendes Luxus-Schiff zurückkehren zu können. Dort war allabendlich die Welt wieder in Ordnung. Vom Kapitän als idealer Vaterfigur auf geradem Kurs gehalten, vom Steward bemuttert, von vielen Köchen liebevoll bekocht und von den Musikern allabendlich mit dem Lied »Guten Abend, gute Nacht, von Englein bewacht« verabschiedet, konnte man totales Urlaubsglück genießen.

Der einzige Schatten, der auf das Ende jeder Kreuzfahrt fällt, ist das Trinkgeldproblem. Am letzten Tage muß man nämlich zur Kasse bzw. jenem kleinen Tisch am Ausgang des Speisesaales schreiten, wo in einer Art goldenem Buch das vor aller Augen abzuliefernde Trinkgeld eingetragen wird. Leider vergessen hier sehr viele, wie hervorragend sie betreut wurden.

Als ich nach dem Verlassen unseres in so kurzer Zeit zur Heimat gewordenen Schiffes inmitten hektischen Getriebes auf einem Bahnsteig des Hauptbahnhofs von Genua stand, fand Frau Meier haargenau die richtigen Worte. Von Gepäckträgern, falschen Auskünften, Streikmeldungen und nicht vorhandenen Zuganschlüssen an den Rand des Wahnsinns gebracht, rief sie frei nach Shakespeare aus: »Ein Schiff, ein Schiff – ein Königreich für ein Schiff!«

Besseres kann man über eine Kreuzfahrt wohl kaum sagen.

Schmidt's kleiner Foto-Kurs

1. Der nackte Mensch in Ruhe und Bewegung

Der kaum oder gar nicht bekleidete menschliche Körper, vorzugsweise der weibliche als solcher, gehört nach wie vor zu den beliebtesten Fotomotiven des Urlaubsreisenden. Der Mensch zieht aus, um Ausgezogenes auf den geduldigen Rollfilm zu bannen.

Das oben gezeigte, wirklich überraschende Bild, das auf den ersten Blick einen Bade-Urlaub im Land der Zwerge vermuten läßt, kann jede umworbene Strandnixe mit nach Hause nehmen, falls genügend Verehrer zum gemeinsamen Auftreten bereit sind.

Links sehen Sie, wie dieser sogenannte »Gulliver-Effekt« erreicht wird: Die mitwirkenden Herren bauen sich in einigem Abstand hinter der Liegenden auf, genau noch den Anweisungen des Mannes am Sucher. Der Phantasie sind in Bewegung und Stellung keine Grenzen gesetzt, außer denen des Anstandes. Die enorme Tiefenschärfe moderner Objektive macht schöne Effekte möglich.

Falsch

ist es, den Auslöser beim Hochspringen zu betätigen! Zu den schwierigsten Aufgaben des formenbewußten Foto-Amateurs gehört das Erfassen des unbekleideten weiblichen Körpers in der Bewegung. Die wichtigste Grundregel: Bei laufenden oder herumspringenden Evastöchtern in trägerlosen Bikinis keinesfalls in dem optisch ungünstigen Moment abdrücken, wenn die Schöne sich mit kräftigem Schwung vom Boden löst. Die dabei wirksam werdenden Fliehkräfte haben oft zur Folge, daß so ein Geschenkfoto von der Dame verärgert zurückgewiesen wird.

Richtig

ist das Knipsen beim Abwärtssprung! Warum, wird jedem Kenner der Newtonschen Schwerkraftgesetze schnell einleuchten: Im Augenblick des Aufsprunges auf den Boden wird für Sekundenbruchteile die auf manche Körperformen besonders heftig wirkende Anziehungskraft der Erde aufgehoben. Erwischt man geistesgegenwärtig diesen Moment, zeigt das Foto den betreffenden Körper in ausgesprochener Hochform. Der Dank der Dame ist dem Knips-Künstler gewiß. Der kleine Trick ist besonders wichtig an FKK-Stränden.

2. Auf den Standpunkt kommt es an!

Viele Fotofreunde stehen auf dem durchaus vertretbaren Standpunkt, daß man selber auf einem Bild das Wichtigste ist. Denn jeder findet immer wieder Freude daran, sich in fotografischer Wiedergabe zu betrachten. So kommen die üblichen und für die abgebildete Person stets reizvollen Andenkenfotos zustande, von denen links oben ein typisches Beispiel zu sehen ist: Frau Meier vor den Pyramiden. Dasselbe Bild kann durch wohlüberlegte und geschickte Wahl des Standpunktes beträchtlich gewinnen und sogar eine Pointe bekommen:

Hätten Herr und Frau Meier sich so postiert, wie obige Zeichnung zeigt, sähe das Foto ganz anders aus:

Die vom Zahn der Zeit angenagte Sphinx erblüht dank Frau Meier in neuer, gestraffter Schönheit!

Die 08/15-Fassung des Fotos einer geliebten Person vor den erhabenen Resten der Akropolis. Auch hier ließe sich durch eine kleine Standortverschiebung weit mehr erreichen.

Der gewitzte Fotofreund nutzt die bedauerliche Tatsache, daß die Gesimse tragenden Griechinnen längst nicht mehr vollzählig sind, wirkungsvoll aus.

Ohne ein Foto des Eiffelturms kehrt wohl niemand aus Paris zurück. Aber nur die wenigsten wählen ihren Standpunkt so, daß dieser eiserne Gigant zum lustigen Requisit wird:

Mit Tiefenschärfe und gutem Stehvermögen der abzubildenden Dame kann ein Foto gelingen, das die Situation des Verliebtseins in Paris hübsch unterstreicht.

3. Der Schnappschuss ist der schönste Schuss, den wir auf Erden kennen

Zum Schnappschuß gehört Geistesgegenwart und natürlich auch eine Portion Glück. Bei mit Sicherheit nie wiederkehrenden Situationen ist erfahrungsgemäß gerade der Film alle. Der vom Glück begünstigte Foto-Amateur, der seine Kamera in dem Moment am Auge hat, wenn der schiefe Turm von Pisa endlich umfällt, ist zu beneiden. Das Foto dürfte ihm die Urlaubskosten und noch einiges darüber hinaus einbringen.

Schnappschüsse bieten sich meist ganz unerwartet an. Da heißt es dann, blitzschnell die Kamera hochreißen und noch schneller abdrücken. Wer den hier im Bild dargestellten und von den Insassen noch gar nicht begriffenen Moment auf seinen Film festhalten kann, ist ein Glückpilz. Der hochdotierte Preis für das »Foto des Jahres« ist ihm ziemlich gewiß. Man sollte es jedoch nicht so weit treiben, bei Bergwanderungen nur noch auf die Gondeln der Seilbahnen zu achten. Es können auch ganz andere Dinge passieren.

Schnappschüsse von starker Ausdruckskraft gelingen, wenn Sie für den Ferienverlauf entscheidende Mitteilungen (Paß verloren, Gepäck geklaut usw.) der Gattin vorenthalten, bis die Kamera schußbereit ist.

Ehefrauen sollten in Restaurants die Kamera griffbereit auf dem Schoß haben, um sie beim Eintreffen der Rechnung hochzuziehen. Solche Fotos sind bei Dia-Vorführungen der ganz große Lacherfolg.

Nicht jedes Motiv, das sich als Schnappschuß darbietet, wirkt auf die lichtempfindliche Filmschicht. Wenn man z. B. nach besonders langem Wüstenritt die oben dargestellte Fata Morgana ganz deutlich sieht, lohnt es sich dennoch nicht, auf den Auslöser zu drücken. Entweder ist außer Wüstensand nichts drauf, oder alle Leute, denen man ein solches Bild zeigt, halten es für eine Fotomontage.

4. Gruppen-Aufnahmen mit etwas Pfiff

So seltsam es klingen mag: Nirgends wird soviel gesündigt wie bei jenen traditionellen Gruppenfotos, auf denen sich die Teilnehmer von Gesellschaftsreisen zu einem Bild vereinen. Eine Reform tut dringend not. Hier einige wertvolle Tips:

Auf dem Bild oben sieht man die seit Jahrzehnten übliche Anordnung. Wieviel lebendiger und interessanter dieselbe Gruppe auf denselben Stufen aussehen kann, beweist die Zeichnung links: Gezielte Verteilung auf den einzelnen Stufen und genaues Einpassen der Mitwirkenden über den Sucher schafft durch raffinierte Perspektive einen geradezu artistischen Effekt. Einzige Vorbedingung: ein Stativ und etwas Geduld.

CAFÉ
CAFÉ

Links: Dieses lustige Bild könnte man betiteln: »Wie wir das Kriegerdenkmal von Clamotta klauen«. Eine solche Gruppenszene können auch Sie mit jedem Denkmal arrangieren, sofern der Sockel nicht zu hoch ist. Wichtig ist, daß alle Teilnehmer so tun, als ob sie laufen und schleppen. Außerdem muß der Sockel von den »Trägern« restlos verdeckt sein.

Unten: Das längste Kamel aller Zeiten – ein Gruppenbild, das etwas Mühe macht, die sich aber lohnt. Der kleine Trick: Jede Person wird einzeln auf demselben Kamel und im gleichen Abstand aufgenommen, also unbedingt mit einem Stativ. Der fertigen Abzüge klebt man nach dem hier gezeigten Muster zusammen und läßt das ganze sauber retuschieren und reproduzieren, damit jeder Mitwirkende einen Abzug bekommt.

5. Durch Tiere wird ein Bild erst schön!

Mensch und Maulesel

Der reisende Mensch in Verbindung mit einem am Urlaubsort ansässigen Tier gehört mit Recht zu den beliebtesten Fotomotiven. Fast alle Eseltreiber am Rande des Mittelmeers sind im Umgang mit Touristenkameras bewandert und in der Lage, den hier vor dem Vesuv gezeigten »Zentauren-Effekt« zu erzielen.

Mensch und Tauben

Aufnahmen mit Vögeln gelten allgemein als sehr gewagt und gefährlich. Auf die zutraulichen Tauben trifft das nicht zu. Die schönsten Fotos dieses Genres gelingen bekanntlich, wenn man sich Maiskörner ins Haar streut. Bei Toupet-Trägern können sich da urkomische Schnappschüsse ergeben.

Mensch und Hummer

Wer als Schnorchler eine wasserdicht verpackte Kamera mit sich führt, findet unter der Meeresoberfläche viele lohnende Motive. Ein besonders triebhafter Hummer ist natürlich ein seltener Glücksfall.

Mensch und Löwe

Wüstenkönige, die Foto-Safaris bedienen, sind sehr verspielt. Notfalls berufe man sich auf Dr. Grzimek. Sein Name hat in der Tierwelt guten Klang.

Mensch und Elefant

Je größer ein Tier, um so eindrucksvoller das Urlaubsfoto. Wie man den hier gezeigten »Hartschädel-Effekt« bewerkstelligt, verrät die nächste Seite.

Für das sehr repräsentative Foto, das Zeugnis von einer Indienreise und der Härte deutscher Schädel ablegt, benötigt man nur einen kleinen Klappstuhl, der allerdings ganz besonders stabil sein muß.

Auch empfiehlt sich ein Mindestabstand des Liegenden von Elefantenfußbreite, sonst könnte der fotografische Scherz durch einen Fehltritt des Dickhäuters leicht zunichte gemacht werden.

*

Vom Elefanten bis zum Floh bietet die Tierwelt unzählige Fotografiermöglichkeiten. Die vier- und mehrbeinige, oft stumme Kreatur ist als Staffage vor allem deshalb so beliebt, weil noch nie ein Tier um Übersendung einiger gelungener Abzüge gebeten hat.

DER TURNHALLENTEST VON VÖCKLABRUCK

Kennen Sie Udo Jürgens?

Oder gehören Sie etwa zu den sieben Leuten von Hundert, die noch nie etwas von ihm gehört haben? Von Udo, dem Sänger mit der Riesen-Seelenwaschkraft, dem schwarzen Riesen mit besonders tief gehendem Rühr-Effekt?

Laut demoskopischer Umfrage hat Udo Jürgens einen Bekanntheitsgrad von 93 Prozent. Vor ihm liegt nur noch der selige Altbundeskanzler Adenauer mit 97, kurz hinter ihm der unselige Heintje mit 90 Prozent. So sind wir und so bleiben wir.

Falls Sie zu den 7 Prozent Nichtwissern gehören: Udo Jürgens ist Sänger, Komponist und Textdichter (letzteres wird ihm am häufigsten vorgeworfen). Er mißt 1 Meter 86, wiegt vor Konzerten 68 Kilogramm, nach Konzerten 66. Seine Lieblingsblume ist die Rose, sein Lieblingstier das Pferd. Privat trinkt er eiskalten Wodka, auf der Bühne heißen Kamillentee, und er kostet pro Abend mindestens 25 000,–. Nun wissen Sie das Wichtigste.

Kennen Sie Hans R. Beierlein? Sein Bekanntheitsgrad liegt um Null herum, aber ohne ihn läge der von Udo Jürgens ebenfalls dort. Vor zehn Jahren noch ein armer kleiner Filmjournalist, ist Beierlein heute ein millionenschwerer Musikmanager, Plattenproduzent und Sänger-Impresario. Er hat Udo »aufgebaut« und hält die Fäden in der Hand, an denen sich der (nur von bösen Zungen so genannte) »deutsche Barde der Binsenwahrheiten« bewegt. Er bestimmt, was Udo wann, wie und vor allem wo singt.

Hans R. Beierlein hatte die Idee, mit Udo eine 101-Städte-Tournee zu machen, das heißt: 101 Riesensäle oder Hallen mußten im Voraus gemietet und dann auch vollgekriegt werden. Das Risiko schien selbst Herrn Beierlein so groß, daß er Udos mit vielen neuen Nummern präparierte Ein-Mann-Show erstmal in sechs Örtchen seiner österreichischen Heimat testete. Am allerersten Test-Abend war ich dabei.

Kennen Sie Vöcklabruck? Wenn nicht, ist das keine Schande. Vöcklabruck ist ein österreichisches Städtchen mit zwölftausend Seelen, zwei wunderhübschen mittelalterlichen Tortürmen und einer nagelneuen, hochmodernen Turnhalle, die rund einhundert turnende oder zwölfhundert sitzende Menschen fassen kann. In dieser Halle sollte Udo seine neue Show zum ersten Male öffentlich abziehen, mit den Einwohnern Vöcklabrucks als Versuchskaninchen, an denen Beierlein die Wirksamkeit der neuen Lieder testen wollte.

Eine Stunde vor Beginn des für Vöcklabruck bestimmt einmaligen Ereignisses waren die Straßen rund um die Turnhalle bereits schwarz von Menschen. Kleinkinder mit Blumen, Teenager mit Autogrammheften und die vielen leer Ausgegangenen, die keine Karte mehr bekommen hatten, aber nun den größten Minnesänger des deutschen Sprachraumes wenigstens vorfahren sehen wollten. Um seinen Schützling vor lebensgefährlichem Gedränge zu bewahren, ließ Beierlein einen Double im Straßenkreuzer vorfahren, der die begeisterten Massen auf sich lockte. Der echte Udo wurde gleichzeitig aus einem bescheidenen Mittelklassewagen unbemerkt in einen Seiteneingang geschleust.

Im Geräteraum der Turnhalle traf ich zwischen Barren, Hanteln, Böcken und Instrumentenkoffern den Impressario Beierlein, für den es hier um Millionen ging. Er versicherte mir ausdrücklich, daß er von Musik absolut nichts versteht. Das war natürlich effektvoll untertrieben. Aber von Publicity und vom Verkaufen versteht er mehr als jeder andere. Und nur darauf kommt es beim unglaublich harten Musikgeschäft an, wo nach ausgeklügelten Rezepten Unmengen weiches Schmalz in harte D-Mark umgemünzt werden.

Während rundherum die Musiker ihre Instrumente auspackten, saß ich zusammen mit Herrn Beierlein auf einem Pferd und ließ mir den Zweck dieses Turnhallen-Gastspiels erklären. (Um Mißverständnissen vorzubeugen, denn im Schlagergeschäft ist nichts unmöglich: Das »Pferd« war das unter diesem Namen bekannte lederbezogene, vierbeinige Turngerät.)

Herr Beierlein war also mit seinem Weltstar in diese weltentlegene Turnhalle gezogen, um bei der echten Premiere in der riesigen Hamburger Musikhalle ganz sicher zu gehen. Ginge die Show in Hamburg daneben, wäre die ganze 101-Städte-Tournee im musikalischen Eimer. Geht es aber im fernen, kleinen Vöcklabruck daneben, erfährt das kein Mensch, und man kann die teure Produktion noch marktgerecht ummodeln.

Für die Tournee war bereits ein Werbe-Etat aufgewendet worden, wie ihn sonst nur Waschmittelfirmen ausspucken können. An der Werbung beteiligten sich zwölftausend Plattengeschäfte, fünftausend Parfümerien und viertausend Blumenläden. Einhunderteintausend rote Rosen der Sonderzüchtung »Udo« sollten verschenkt werden. Und das alles, um der Kundschaft einen ganz neuen Udo zu verkaufen. Dabei verließ Beierlein sich nicht nur auf seine Nase, die im Show Business einen Ruf wie Donnerhall hat. Vor dem Lancieren des neuen Produkts hatte er eine genaue Marktanalyse in Auftrag gegeben. Das damit beauftragte Meinungsforschungsinstitut bekam unter anderem heraus, welche Bevölkerungsgruppen die meisten Udo-Fans aufweist: Es sind die 30 bis 45jährigen Männer mit einem Durchschnittseinkommen von monatlich 2500 Mark. Wer hätte gedacht, daß bei solchen, sicher hart arbeitenden Männern die Schmalzwelle auf die dankbarsten Ohren trifft?

Die alle Publikumsschichten sorgsam auslotende Analyse ließ Marktlücken erkennen, in die Musikverkaufsgenie Beierlein mit seinem ganz neuen Udo hineinzustoßen gedachte. Aber vorher sollte die Show hier in der Vöcklabrucker Turnhalle auf Herz und Nieren getestet werden.

Nun mußte ich Herrn Beierlein leider gestehen, daß mir die tränenschwangeren Lieder seines Stars nicht ans Herz, sondern an die Nieren gehen, in ganz schweren Fällen wie beim Erfolgslied »Warum?« sogar auf den Magen. Dafür hatte er zu meinem Erstaunen volles Verständnis, wies jedoch darauf hin, daß für diese akustische Seelenmassage ein gewaltiger Markt mit Millionenumsätzen vorhanden ist, der bedient werden muß.

Da öffnete sich die Tür mit der Aufschrift »Turnlehrer« – Udo Jürgens trat heraus, baumlang, im tiefschwarzen Smoking mit knallrotem Futter, dazu ein blütenweißes Rüschenhemd.

Mit deutlichen und mich zutiefst rührenden Spuren von Lampenfieber postierte sich der internationale Top-Star am Treppchen, das auf die Bühne der Turnhalle führte. »Sieben neue Nummern!« stöhnte er.

Wer würde da nicht vor Angst zittern?

Noch eine Minute bis zum Teststart einer Show, die mit der Präzision einer Mondlandung vorbereitet war. Hans R. Beierlein war sozusagen das Kontrollzentrum. Ich setzte mich mit ihm in der knüppelvollen Turnhalle auf zwei Klappstühle, die so aufgestellt waren, daß wir das Publikum im Auge hatten. Wahrscheinlich hielt man uns für Leibwächter. Diese Plazierung Auge in Auge mit dem Moloch Publikum sollte Herrn Beierlein die Möglichkeit geben, jede Reaktion im Mienenspiel der Zuhörer genau zu beobachten und daraus die entsprechenden geschäftlichen Schlüsse zu ziehen.

Da saßen nun die Vöcklabrucker und ahnten nicht, daß sie hier das waren, was die Sparrings-Partner für einen Boxer sind: An ihnen sollten die gezielten Musikhaken, aber auch die Tiefschläge unter die seelische Gürtellinie auf ihre Wirksamkeit erprobt werden.

Als der Saal sich verdunkelte und das Orchester die ersten Akkorde von Udos gängigsten Nummern losließ, rauschte bereits der Beifall auf. Er steigerte sich zum Orkan, als der Plattenrillen-Troubadour die Bühne besprang.

Um es kurz zu machen: Der Test wurde ein rauschender Erfolg. Die von Beierleins geschäftlicher Nase und den Demoskopen errechnete Mischung der Nummern kam an.

In gleichmäßigem Wechsel drehte sich mir der Magen um (bei den bejubelten Schnulzen), oder fuhr mir der Rhythmus prickelnd ins Bein (bei den neuen, ebenso bejubelten rasanten Nummern, mit denen Udo sogar Sammy Davis jr. das Wasser reichen könnte.) Mal war seine Stimmritze der Kochlöffel, mit dem er die Seelenbrühe aller Zu-kurz-Gekommenen da umrührte, wo sie am dicksten ist, mal verkaufte er mit (Beierleins) Witz und allen Raffinessen des Showgeschäfts den neuen Udo.

Ganz schlimm war allerdings das mit Rekordbeifall bedachte Lied »Wer ist er?«, eine Art religiöses Quiz:

> *Wer ist er, der dieses All ersann,*
> *der alles weiß und kann . . .*
> *Wer ist er, durch den auch Du nur bist* usw.

Die Antwort wurde offengelassen, aber dreimal dürfen Sie raten.

Udo ist für alle da. CDU-Anhänger traf er mit dem Lied »Wer ist er?« mitten ins Schwarze, SPD-Freunde mit dem leicht sozialkritisch angehauchten »Schwarze Augen« ins Rosarote. Die FDP wurde mit dem Lied »Frage nicht, warum, schau nicht hin« marktkonform bedient, und sogar die APO kam beim Chanson »Ich glaube, daß man die erst fragen sollte« auf ihre Kosten, denn da entweicht Udo ein kleines Protestchen, mit dem er die letzte Marktlücke zu schließen versucht.

Der Schlußbeifall nach »Merci Chéri« ließ einigen Putz von der Turnhallendecke fallen. Das Volk raste, stürmte die Bühne, und Hans R. Beierlein, der wahre Sieger in dieser Schlacht um die Gunst der Musikkundschaft, atmete tief ein und entspannte sich. Der »Super-Tournee« konnte nichts mehr passieren.

Während Udo im Vöcklabrucker Lokal »Auerhahn« den Abend von Fans umschwärmt ausklingen ließ, fuhr ich mit seinem Kontrollzentrum Hans R. Beierlein zu einer Weinstube im nahen Gmunden am Traunsee. Während der Fahrt nahm der Notenmanager per Autotelefon die letzten Meldungen über die Lage am internationalen Musikmarkt entgegen.

Bei einem Glas Gumpoldskirchner fragte ich ihn, wie es eigentlich zu dem in der Presse ausführlich geschilderten Gastspiel seines Schützlings im Palais Schaumburg kam, wo damals noch der höchste Pg. unseres Landes, Kurt Georg Kiesinger, als Bundeskanzler residierte.

Beierlein nahm einen kräftigen Schluck und gestand: »Publicity! Ich bin an das Büro des Bundeskanzlers herangetreten und habe angefragt, ob die nicht an den Bundeskanzler herantreten könnten, damit er an mich herantritt bzw. herantreten läßt, damit Udo bei ihm auftritt!«

Und so geschah es. Der damalige Kanzler wollte für den bevorstehenden Wahlkampf die Millionen Udo-Fans für sich gewinnen, und Beierlein zielte auf die bei einem Auftritt im Kanzleramt mit Sicherheit zu erwartende Publicity in der Presse. Er benutzte Kiesinger als Werbetrommel, der wiederum Udo Jürgens als ebensolches Instrument sinnvoll zu nutzen gedachte.

Aber die SPD war auch nicht faul: Sie hatte bereits in allen Konzertsälen, die während des Wahlkampfes von Udo angelaufen wurden, Plätze für ihre führenden Köpfe reserviert, damit die Wähler sahen: Die sind für Jürgens, dann sind wir auch für sie!

Und als dann Willy Brandt die Regierungsgewalt übernahm, trat natürlich Beierlein an das Kanzleramt heran und fragte, ob und so weiter. Und wieder spielte Udo ganz privat, aber mit großem Presse-Echo, im Palais Schaumburg. So schloß sich der Kreis des von Beierlein in Gang gesetzten Publicity-Karussells.

Die Erwartungen, die dieser begnadete Promoter bei unserem vierten Glas Gumpoldskirchner an die 101-Städte-Tournee knüpfte, wurden 200-prozentig erfüllt. Wegen des Riesenerfolges mußte er die Tournee später um weitere hundert Gastspiele verlängern.

Wenn dieses Buch in Druck geht, rollt Udo in seinem mit Klavier und Kamillenteeküche ausgerüsteten Mercedes 600 und einem Troß von 21 Helfern immer noch von Stadt zu Stadt, von der Hamburger Friedrich Ebert-Halle, zur Lübecker Hansehalle, von der Cloppenburger Münsterlandhalle zum Uelzener Schützenhaus, von der Bonner Beethovenhalle zur Siegener Siegerlandhalle. Und überall schlagen ihm in ausverkauften Häusern die ewig schnulzenhungrigen deutschen Herzen entgegen, werfen ihm verzückte Mädchen und Mütterlein mitgebrachte Rosen der Spezialzüchtung »Udo« zu und stürmen die Bühne, um ihrem Liebling ganz nahe zu sein.

Die Presse mischt kräftig mit und ergeht sich in Sätzen wie »Udo Jürgens – der Karajan des deutschen Gesanges« und »Udo Jürgens ist der singende Oswalt Kolle der Nation«. Weiter kann man den Bogen wohl kaum spannen.

Ich wage zu behaupten, daß Udo ein Vollblutmusiker ist, der alles, aber auch alles liefern kann, was der Markt verlangt. Wir wollen ihm nicht verübeln, daß er im völlig legitimen Streben nach Erfolg eine Linie verfolgt, die man schon fast als Strich bezeichnen kann. Aber seien wir doch mal ehrlich, lieber Leser: Wenn

Sie oder ich so singen könnten, würden wir es genau so machen.

Udo ist der Größte und wird es auch noch einige Zeit bleiben. Das walte der Herr Beierlein und jener andere Herr, der in dem Lied »Wer ist er?« so überaus diskret angesprochen wird.

Das Bizeps-Festival von London

Wann ist ein Mann besonders schön? Wie mißt man diese Schönheit? Und wie wird man zum amtlich beglaubigten »Schönsten Mann der Welt«? Um diese für jeden körperbewußten Menschen hochinteressanten Fragen beantworten zu können, fuhr ich über den Kanal, denn in London fand mal wieder die Wahl des »Mr. Universum« statt. Der Gefahr, daß man mich auf die Bühne zerrte und mit dem Siegeslorbeer krönte, sah ich gefaßt ins Auge. Aber diese Gefahr witterte außer mir selber wohl niemand.

Unter der Wahl des schönsten Mannes der Welt stellt sich der Laie ein Ereignis von großen gesellschaftlichem Glanz vor, an dem viele Filmstars (der Mister Universums 1955 wurde vom Fleck weg von Jayne Mansfield geheiratet) und womöglich sogar die englische Königin teilnehmen, zumindest aber Prinzessin Margaret. Deshalb gab ich bei meiner Ankunft in London sofort den Smoking zum Aufbügeln, damit er auf dem großangekündigten Schlußball neben den Produkten der berühmten englischen Schneider bestehen konnte.

Als ich um zehn Uhr vormittags das Royal-Hotel betrat, in dem die Titel-Anwärter aus zwanzig Nationen untergebracht waren, standen in der Halle typische Rausschmeißergestalten in Rollkragenpullovern, Windjacken oder Strickhemden, die von gewaltigen Brustkästen bis zum äußersten gespannt waren. Dienten diese Gorillatypen etwa den schönsten Männern der Welt als Leibgarde, um sie vor dem Ansturm schönheitsdurstiger Verehrerinnen zu schützen?

Aber nein! Der Portier verriet mir die nackte Wahrheit: Die kraftstrotzenden Catcherfiguren waren die aus aller Welt herbeigeeilten Aspiranten auf den Titel des Mister Universum.

Ich brannte natürlich darauf, diejenigen Männer kennenzulernen, die hier mit ihrem Körper die Farben der Bundesrepublik vertraten und geriet an Herrn Sippel, der mit den zwei deutschen, von ihm gemanagten »Mr. Universum«-Aspiranten an der Bar stand.

Herr Sippel ist Herausgeber und Verleger des Magazins »Sport und Kraft« sowie Inhaber einer Firma, die alle zur Muskelerzeugung nötigen Artikel vom Hantel-Sortiment bis zum proteinhaltigen Athleten-Kraftfutter in Dosen vertreibt. Außerdem ist er an Bodybuilding-Studios beteiligt. Die vertikale Gliederung und Verflechtung in der Schöne-Männer-Industrie braucht einen Vergleich mit der Schwerindustrie nicht zu scheuen.

Von meinen muskelbepackten Landsleuten erfuhr ich sehr viel Interessantes über Sinn und Zweck des Bodybuilding. Vor allem, daß viel Idealismus dazugehört. Kein Wunder bei einem Sport, der teure Geräte sowie regelmäßig eingenommene Kraftnahrung erfordert und im Erfolgsfalle wegen anomaler Schulterbreite nur noch kostpielige Maßkleidung erlaubt.

Die deutschen Körperkulturschaffenden begaben sich

in die Kellergarderoben, denn in wenigen Minuten sollten die Vor-Ausscheidungen der schönsten Körper beginnen. Die Luft, die mir aus dem Keller entgegenschlug, war danach. Dampfende Athleten rissen Expander, schwangen Hanteln, stöhnten im Liegestütz am Boden und machten an den Rohrleitungen, die sich unter der Kellerdecke entlangzogen, Klimmzüge. Weshalb diese umständlichen Vorbereitungen zu einem Wettbewerb, bei dem man nur seinen nackten Körper vorzuzeigen brauchte? Mr. Germany erklärte mir, daß die Muskeln vor dem Auftrittsakt aufgewärmt und gereizt werden müssen, um sie in ihrem ganzen Glanz sichtbar zu machen. Man nennt das im Fachjargon »Aufpumpen«.

Die ersten zwanzig frisch aufgepumpten Bewerber wurden in den Ballsaal des Hotels gerufen, wo sie von einer aus sieben älteren Herren bestehenden Jury und einem stark gemischten Publikum erwartet wurden.

Die Mitglieder der Jury, laut Programmheft durchweg alte PC's (Abkürzung für »Physical Culture«), verschafften sich zunächst einen allgemeinen Überblick, indem sie die Anwärter von vorn prüften. Dann ließen sie kehrtmachen, um die Rückenpartien zu begutachten. Dabei wurden besonders scharfe Maßstäbe angelegt.

Einigen Herren der Jury wurde es bereits warm, sie zogen die Jacken aus.

Um ein Maximum an Muskelspiel zeigen zu können, trugen die Titel-Aspiranten nur das unbedingt notwendige, nummerngezierte Hosenminimum.

Nacheinander stiegen die vorgewärmten Muskelpakete auf eine Kiste, um zu »posen«. So lautet der Fachausdruck für das wirkungsvolle Vorführen sämtlicher Muskelpartien. Es gibt Frontal-, Seiten- und

Rückenposen. Am beliebtesten sind Stellungen nach klassischen Bildwerken. Eine neben mir sitzende Dame war so freundlich, mich im wahren Genuß eines schönen Männerkörpers zu unterweisen: »Sie müssen die Posen so betrachten, wie man ein Kunstwerk im Museum ansieht!« Ich glaube kaum, daß sie das tat.

Was da auf der Kiste gezeigt wurde, war eine Abnormitätenschau. Die Bizepse waren meistens dicker als der Kopf ihrer Besitzer. Ein Malaie machte aus seinen Schultermuskeln artischockenähnliche Gebilde. Ein Italiener erreichte durch Einziehen des Magens einen Effekt, als sei ihm soeben eine Kanonenkugel in den Leib gefahren. Die Bauchmuskulatur eines Engländers sah aus wie ein kreuzweise verschnürter Kalbsnierenbraten.

Ein seltsames Phänomen der Rückenmuskulatur zeigte der Inder Chakrabarthy: Wenn er seine Kehrseite spielen ließ, entstanden deutlich sichtbar die Züge eines großen deutschen Politikers. Viele Bewerber verstanden es, durch geschickte Brustmuskelbewegung den Eindruck zu erwecken, daß eine Maus unter der Haut entlanglief.

Das Publikum von etwa zweihundert der Körperkultur nahestehenden Damen und Herren, zumeist Verwandte oder den Auftretenden in Freundschaft Verbundene, klatschte immer wieder Beifall.

Die Poseure rangen die Hände vorne, sie rangen die Hände hinten, oben, unten, sie stöhnten und schwitzten, um ihre Muskelwucherungen optisch eindrucksvoll darzubieten. Leider ließ der Gesichtsausdruck der Muskeldarsteller oft zu wünschen übrig und drückte alles andere als glückliche Harmonie von Geist und Körper aus. Die meisten Posen sahen aus wie Verzweif-

Bei der verantwortungsvollen Aufgabe, den wirklich schönsten Mann der Welt zu finden, legte die Jury allerschärfste Maßstäbe an. Wenn zwei Bewerber gleich schön zu sein schienen, gab man sich alle Mühe, kleine

lungsakte. Die Bewerber bibberten mit Bizeps, Trizeps und allem, was es sonst noch in der Anatomie gibt, um den begehrten Titel zu erringen. Denn wenn sie den hatten, war die Firma, deren Geräte und Kraftfutter sie benutzten, um einen Propagandaschlager reicher.

Jeder Kandidat wurde, wenn er sein Schau-Nümmerchen von einer Minute Dauer auf der Kiste absolviert hatte, vor eine am Saalende aufgespannte grau-

Unterschiede zu entdecken. Eine minimale Schwellung mehr an der richtigen Stelle konnte den Sieg bedeuten und den Besitzer berühmt machen.

weiße Leinwand gebeten. Dort waltete Monsieur Grégoire Arax in lindgrüner Strickweste seines Amtes. Arax fotografierte jeden Muskelprotz von vorne und hinten. Als Lichtbildner anders als die andern, hat er sich seit dreißig Jahren auf die Bromsilberwiedergabe erlesener Männerkörper spezialisiert. An solche Fotos werden besonders hohe Ansprüche gestellt. Der agile, grauhaarige Meister der scharfen Linse war extra aus

Paris herübergekommen, wo er am Boulevard Raspail das größte Archiv diesbezüglicher Fotos besitzt. Leser, denen meine Zeichnung als Informationsquelle nicht genügt, mögen sich an ihn wenden.

Zwei Stunden lang wickelten die titelsüchtigen Prunkkörper schwitzend und stöhnend ihre Posen-Kür ab. Ich hätte nie geglaubt, daß männliches Dastehen so anstrengend sein kann, und war heilfroh, als eine Mittagspause eingelegt wurde. Weniger froh darüber, ja, geradezu verzweifelt waren die beiden noch nicht drangekommenen deutschen Bewerber. Sie hatten sich bis zur letzten Muskelfaser aufgepumpt und mußten sozusagen die ganze Luft wieder ablassen.

Daß diese hochentwickelten Muskelpakete sehr empfindlich sind und sorgsam gepflegt werden müssen, war der deutschen Fachzeitschrift zu entnehmen, die ich in der Pause durchblätterte. Dort standen als Anweisung für Stunden außerhalb des Trainings folgende richtungweisende Maximen:

Gehe nicht, wenn du fahren kannst!
Stehe nicht, wenn du sitzen kannst!
Sitze nicht, wenn du liegen kannst!

So beherzigenswert gerade der letzte Satz in vielen Lebenssituationen sein mag – wer hätte das von den Muskelprotzen gedacht! Sogar das Sitzen schwächt sie!

Im Inseratenteil wurden Gegenstände angeboten, die einer breiten Öffentlichkeit leider viel zu wenig bekannt sind. Ich zitiere:

»Durch unsere Handroller bekommen Sie einen unwahrscheinlich festen Händedruck, wodurch Sie in der Achtung Ihrer Freunde steigen!«

»Schwinghanteln verleihen Ihrem Rücken Wucht!«

Achtung der Freunde und Wucht im Rücken – mehr kann man nicht verlangen.

In einem halbseitigen Inserat wurde ein »Herkules-Kraftständer« angeboten. Für 110 DM – aber das ist er auch wert. So ein Dings gehört in jeden Bodybuilder-Haushalt und dient zum Ablegen der Hanteln und Geräte, damit sie nicht in der Wohnung herumrollen.

Am Ausgang des Saales lernte ich den Organisator des Muskel-Festivals kennen, Herrn Oscar Heidenstam (sprich: »Haidenstähm«). Er ist Chefredakteur eines britischen Kraftmeier-Magazins, das nebenher alle zum Muskelaufbau nötigen Artikel vertreibt. Also noch ein Idealist, der sich uneigennützig in den Dienst der Schönheit stellte. Herr Heidenstam lud mich zum abendlichen Festdiner ein, das alle am schönen Mann interessierten Kreise mit den Anwärtern auf den Titel des Mister Universum vereinen sollte.

An langen, festlich gedeckten Tischen saß ich zwischen den schönsten Männern der Welt, fand aber keinen rechten Kontakt. Man sprach über so spezielle Dinge wie die Kräftigung des Latissimus-Muskels, dessen Lage ich nicht kenne, der aber hoffentlich gesellschaftsfähig ist.

Wohin ich auch sah, umgaben mich gutmütige Muskelmänner. Meinem Nachbarn guckte ein Mickymaus-Heft aus der Tasche, eine in diesen Kreisen außerordentlich beliebte Lektüre.

Nach dem Essen schlug der Präsident der britischen Bodybuilder dreimal auf den Tisch, hob sein Glas und rief den vierhundert Gästen zu: »I give you the Queen!« Meine Kenntnisse der englischen Sprache erlaubten mir, das mit »Ich gebe Ihnen die Königin!« zu übersetzen.

Alles erhob sich, die Tür ging auf – es kam aber nur eine Kellnerin herein. »I give you the Queen!« ist die landesübliche Formulierung des Toasts auf die Königin, mit dem jede Veranstaltung eröffnet wird.

Statt der Landesmutter erschien unter großem Beifall der »Vater des Gewichthebens«. Als solcher wurde ein rüstiger alter Herr namens Bob Hoffman begrüßt. Er kam aus den USA, trug acht verschiedene Vereinsabzeichen am Rockaufschlag und verkündete, daß er in seiner Heimat für die Anerkennung des Bodybuilding als olympische Disziplin kämpfen wolle. Ich nehme an, daß auch Herr Hoffman einen Hantel- und Kraftnahrungsvertrieb hat.

Oscar Heidenstam ergriff das Wort und stellte mit Bedauern fest, daß in diesem Jahr von Konkurrenz-Organisationen bereits ein halbes Dutzend »Mister Universum« gewählt wurde. Der hier in London Gekürte sei natürlich der einzig Authentische. Er verdammte die anderen in Grund und Boden, um abschließend auf die völkerverbindende und dem Frieden dienende Kraft des Bodybuilding hinzuweisen.

*

Zum »Mister-Universum-Festball« im Royal-Hotel brauchte ich meinen Smoking nicht. Man tanzte in Straßenanzügen, aber auch in Hemdsärmeln und Pullovern. Wer nicht wußte, daß es sich hier um den Ball der schönsten Männer der Welt handelte, mußte die Veranstaltung für ein Meeting der Londoner Möbelpacker halten.

Die meisten Bodybuilder standen mit Biergläsern in der Faust herum und wußten mit ihrem Luxuskörper nichts rechtes anzufangen.

Die schönen Männer waren müde. Sie hatten zuviel gepost, und im Anzug kam ihre Schönheit auch nicht mehr so recht zur Geltung.

Die wenigen, die eine Dame über das Parkett schoben, stampften gegen jeden Rhythmus an. Die schönsten Männer der Welt können vor lauter Kraft nicht tanzen.

Enttäuscht verließ ich das Fest und am Morgen danach auch die britische Insel.

Schon die bloße Nennung des Namens »Montmartre« erzeugt bei denen, die noch nicht da waren, ein lustbetontes Kribbeln unter der Haut und wildbewegte Traumvorstellungen von Laster und Ausschweifung. Kein anderes Vergnügungsviertel der Welt erzeugte im Laufe der Jahrzehnte bei denen, die da waren, soviele überdimensionale Kater und reuevolle Seelenwaschtage wie das neonflimmernde Amüsierdreieck zwischen Place Blanche, Place Pigalle und Place du Tertre.

An einem lauen Frühlingsabend saß ich gegenüber vom »Moulin Rouge« auf einer Café-Terrasse an der Place Blanche und beobachtete die schubweise Anlieferung geballter Touristenladungen. In kurzen Abständen entleerten sich in der Mitte des Platzes die gewaltigen Omnibusse der »Paris-bei-Nacht-Tour-alles-inklusive«. Die Insassen waren mit postkartengroßen, an die Brust gehefteten Schildern deutlich gekennzeichnet und wurden in geschlossener Formation in den Eingang der Hochburg des »French Cancan« getrieben, wobei die Reiseleiter die Funktion von Schäferhunden ausübten: Laute Kommandos bellend rannten sie um ihre Herden herum, die nachtlebenshungrigen Schäfchen beieinander haltend, nach den Seiten absichernd.

Die Damen preßten ihre Handtaschen fest unter die Achsel, während die Herren sorgfältig sämtliche oberen Knöpfe verschlossen und eine Hand fest aufs Herz legten, wo die Brieftasche sitzt. Mit ängstlich-verlegenem Gesichtsausdruck trabten die Montmartre-Neulinge in das Etablissement, wo sie einen kräftigen Hauch prickelnden Pariser Nachtlebens einzuatmen hofften.

Ein am Nebentisch alleinsitzender alter Herr mit schneeweißem Spitzbart, Kneifer und schon etwas abgewetztem Homburghut schüttelte angesichts dieser Hochform des modernen Massentourismus den Kopf, beugte sich zu mir herüber und sagte: »Man amüsiert sich nicht mehr am Montmartre – vom alten »Moulin Rouge« ist nur der Name geblieben, sonst nichts...«

Ich wandte ein, daß die Gäste ja immerhin noch den Cancan vorgeführt bekommen, und zwar genau dort, wo dieser wildeste aller Tänze erfunden wurde. Aber mein Nachbar wußte es besser:

»Der Cancan wurde nicht im Moulin Rouge erfunden, sondern einige hundert Meter weiter im »Montmartre-Elysée«, wo heute nur noch die Catcher ihre Kämpfe veranstalten, in schönem Wechsel mit Theateraufführungen der Truppe Jean-Louis Barrault! Dort wurde der Cancan geboren, der in seinen Anfängen ohne Hosen getanzt wurde, falls Sie das interessiert...«

Wen würde das nicht interessieren? Ich rückte zu meinem Tischnachbarn hinüber, der so aussah, als hätte er die »Belle Epoque« noch feste miterlebt. Der muntere Greis gab sich als pensionierter Geschichtsprofessor des Lyzeums an der Place Clichy zu erkennen und erzählte mir die Geschichte des Cancan und des »Moulin Rouge«, die so aussah:

Gegen Ende des vorigen Jahrhunderts, als überall am Montmartre die Tanzlokale aus dem Boden schossen, übernahm ein gewisser Jules Roques die Führung des Etablissements »Elysée Montmartre«, nachdem er sich vorher als Reklame-Agent für Hustensaft und Abführpillen betätigt hatte, was seinen Tatendrang nur ungenügend befriedigte. Als frischgebackener Gastronom hatte Jules Roques weitaus durchschlagendere Erfolge als in seinem früheren Metier, denn er steckte voller Ideen, die das Publikum auf sein Parkett lockten.

Unter vielem anderem erfand er die begeistert aufgenommene »Juck-Polka«. Bei diesem Tanz mußten sich die Partner gegenseitig im Rhythmus der Musik kratzen, als hätte man ihnen Juckpulver in den Kragen bzw. ins Décolleté geschüttet. Die manuelle Kontaktaufnahme schuf sehr schnell eine intime Atmosphäre und sorgte für unbändige Heiterkeit, wenn sie an kitzligen Stellen vorgenommen wurde.

Ein vierzig Mann starkes Orchester heizte allabendlich die Stimmung bis zum Siedepunkt an. Der Kapellmeister pflegte aus einem Trommelrevolver Schüsse zur Saaldecke abzufeuern, um eine wilde Polka mit rhythmischen Effekten zu verzieren. Röcke und Frackschöße flogen, aber am ausgelassensten tanzten die jungen Wäscherinnen des Viertels, die sich hier nach des Tages Last und Mühen mal richtig austoben wollten. Die Gelenkigsten unter ihnen schmissen in der Ekstase des Tanzes freudekreischend ihre Beine hoch in die Luft, oft bis über Schulterhöhe. Und damit war der »French Cancan« geboren.

Er bot dem Auge mehr als jeder andere Tanz, denn die Wäschermädels trugen unter ihren weiten, maxilangen Röcken gar nichts oder höchstens jene damals üblichen zweiteiligen Höschen, die sogenannten »pantalons ouverts«, womit wohl alles gesagt ist.

Was hier an echten Sehenswürdigkeiten geboten wurde, sprach sich sehr schnell in Paris herum. Schönheitsdurstige Lebemänner aller Gehalts- und Altersklassen drängten sich an der Kasse des »Elysée-Montmartre«, Damen zweifelhafter Tugend benutzten beinewerfend das Tanzparkett als Schaufenster für ihre Sonderangebote, und da ließen natürlich die beamteten Tugendwächter nicht lange auf sich warten. Monsieur Roques mußte ein Schild anbringen:

»Damen, die keine Hosen anhaben,
werden gebeten, die Beine nicht über
Gürtelhöhe zu erheben!«

Aber wenn die Ausgelassenheit ihren Höhepunkt erreichte, nahm man diese Grenze nicht mehr so genau.

Dank des hosenlosen Cancan war der Ballsaal des Jules Roques jeden Abend zum Brechen voll. Den Konkurrenzlokalen »Tabarin« und »Moulin Rouge« wanderte die Kundschaft ab, obgleich sich die Besitzer alle Mühe gaben, etwas Besonderes zu bieten. So durfte man zum Beispiel im »Tabarin« den Tänzerinnen nach Einwurf einer Silbermünze in den Busen-Ausschnitt kräftig in den Popo kneifen, ein ziemlich einseitiges Vergnügen, das so manches Mädchen sehr bekniffen nach Hause gehen ließ.

Im »Moulin Rouge« baute man im Garten einen riesigen Gipselefanten auf, durch dessen rechtes Vorderbein die Besucher über eine Wendeltreppe in den Bauch gelangten, wo extra scharfe Bauchtänze vorgeführt wurden. Als einzigartige Attraktion trat dort auch der »Pétomane« auf, ein Artist, der dem Publikum den

Rücken zukehrte und komische Tonfolgen, ja, sogar eine kleine Melodie blies. Und zwar nicht mit dem Munde, sondern im Gegenteil. Die Leute kreischten vor Lachen. Wie kaum anders zu erwarten, hatten sie die Darbietung aber sehr bald satt und zogen hinüber ins Elysée-Montmartre zu den Cancan-Tänzerinnen.

Die Inhaber des »Moulin Rouge«, zwei Herren mit den altfranzösischen Namen Zidler und Oller, überlegten angesichts des rapiden Besucherschwundes lange hin und her. Dann taten sie das einzig Richtige: Sie machten sich an die vier wildesten Cancan-Tänzerinnen des so erfolgreichen Konkurrenz-Etablissements heran, boten ihnen hohe Gagen und warben sie ab. Sie kauften den gelenkigen Mädchen, die es ja bisher umsonst und aus reiner Freude an der Sache gemacht hatten, hochelegante Kleider und ließen sie als geschlossene Gruppe in ihrem Ballsaal auftreten, legten ihnen allerdings einen minimalen Hosenzwang auf. Der Erfolg war ungeheuer. Die große Zeit des »Moulin Rouge« begann, Zidler und Oller hatten ausgesorgt.

Star des Hauses wurde »La Goulue«, die frühere Blumenverkäuferin Louise Weber. Man nannte sie bald die »heimliche Königin von Paris«. Männer von Rang und Namen lagen ihr zu Füßen und legten oft noch ihr Vermögen dazu. Gekrönte Häupter, die es damals noch reichlich gab und die mehr oder weniger inkognito ins »Moulin Rouge« kamen, baten sie durch Vermittlung des rührigen Herrn Oller nach der Vorstellung in irgendein »Chambre séparée«. Dort tanzte sie dann den Cancan in der Urfassung auf dem Tisch zwischen Champagnergläsern und war auch sonst nicht kleinlich, wenn der Herr entsprechend großzügig war.

Henri de Toulouse-Lautrec, jahrelang Stammgast des

Cancan-Tempels, hat die »Goulue« und ihre Kollegin Jane Avril immer wieder gemalt und gezeichnet. Am Ende einer kometenhaften Karriere und nachdem mehrere Vermögen durch ihre Hände gegangen waren, zog »La Goulue« auf Rummelplätzen herum und starb bettelarm in einem Hospital.

Das war also die Geschichte des Cancan, wie sie mir der pensionierte Lyzeumsprofessor im Angesicht der sich immer noch drehenden, mit roten Neonröhren bestückten Windmühlenflügel erzählte. Er hob sein Glas in Richtung Moulin-Rouge und sagte: »Trinken wir einen Gedächnisschluck auf die »Belle époque« und »La Goulue«! Niemand weiß, wo sie unter der Erde liegt, aber sie hängt in den Museen, verewigt vom genialen Strich des kleinen, häßlichen Barons Toulouse-Lautrec!«

Wir tranken einen kräftigen, der Größe der Sache angemessenen Gedächtnisschluck.

Der Professor ließ seinen Blick über das Trottoir schweifen und auf eine Dame fallen, die dort vor einer Viertelstunde eine gewerbsmäßige, aber keineswegs horizontale Stellung bezogen hatte.

»Wir müssen uns leider damit abfinden«, sagte er dann, »daß es ein ganz anderer Strich ist als der Toulouse-Lautrecs, der die meisten Besucher des Montmartre anzieht ...«

Wir meditierten etwas vor uns hin, während bieder aussehende Männer mit hochgeschlagenem Mantelkragen an der Terrasse vorbeistrichen, um dann um die Ecke in der Rue Fontaine zu verschwinden und sich von den Türstehern der schummerigen Bars mit Hotel-Anschluß einiges flüstern zu lassen. Das animierte mich zu der Frage, seit wann der Montmartre eigentlich ein Vergnügungsviertel ist.

Der in diesem Viertel ergraute und sogar schneeweiß gewordene Professor, der an seinem Lyzeum eine kaum noch übersehbare Zahl junger Mädchen in der Geschichte unterwiesen hatte, holte ziemlich weit aus:

»Schon im vierzehnten Jahrhundert pilgerten bei schönem Wetter viele Pariser und auch so mancher Fremde den Hügel von Montmartre hinauf, um im dort oben angesiedelten Nonnenkloster eine Rippe der heiligen Bertha, der späteren Schutzheiligen der Artillerie, sowie einen kaum gebrauchten Oberschenkelknochen der heiligen Martha und das komplett erhaltene Skelett der heiligen Beatrix in frommer Andacht zu betrachten. In unserem Jahrhundert strömen viele Fremde und auch so mancher Pariser zum Montmartre, um nicht weniger andächtig das Fleisch auf den Knochen nicht ganz so frommer Damen zu betrachten, zu berühren oder gar zu vernaschen ...«

Unsere Trottoir-Schöne hatte gerade einen vielversprechenden Abschluß getätigt und entschwand trippelnd, im unauffälligen Abstand von fünf Metern gefolgt von ihrem Geschäftspartner, der so tat, als hätte er nichts mit der Sache zu tun. Wie gut er bedient wurde, weiß ich nicht. Aber bestimmt nicht so gut wie ich von meinem emsig trinkenden Historiker, der eine Geschichte des Montmartre vor mir ausbreitete, wie sie in keinem Reiseführer steht. Ich kann sie hier nur zusammenfassend, aber wahrheitsgetreu wiedergeben.

Der Berg des Martyriums (so lautet die wörtliche Übersetzung von »Montmartre«) konnte bereits im 18. Jahrhundert als Vergnügungsviertel bezeichnet werden. Damals breiteten sich zwischen der Stadt Paris und dem windmühlenbestandenen Hügel wogende Getreidefelder aus.

Sie wogten sogar bei totaler Windstille, denn wenn die Ähren hochstanden, zogen promenierende Liebespaare sich zu fröhlichem Tun ins Getreide zurück. Dabei wurde naturgemäß einiges geknickt. Ebenso naturgemäß nahm die Bevölkerung von Paris von Jahr zu Jahr stärker zu, und damit wurden auch die kornknikkenden Liebespaare immer zahlreicher.

Je besser es um die tätige Liebe stand, um so schlechter stand das Getreide. Um 1850 herum nahm die Knikkerei solche Ausmaße an, daß die auf dem Hügel ansässigen Müller kaum noch etwas zu mahlen hatten. Und deshalb entschloß sich eines Tages der Müller Debray, das Mahlen ganz aufzugeben und statt dessen in seiner schön gelegenen Mühle Wein auszuschenken, was die Liebenden sowohl vor- als auch besonders hinterher zu schätzen wußten.

Madame Debray, die Müllersfrau, buk zur Stärkung der Erschöpften schmackhafte und preiswerte runde Kuchen, sogenannte »galettes«, und so kam die Mühle zum heute noch hochberühmten Namen »Moulin de la Galette«.

Debray machte den Anfang, viele andere folgten. Paris wuchs und wuchs. Bald standen auf dem erlebnisreichen Boden der früheren Getreidefelder viele kleine Hotels und erfüllten denselben Zweck, nur daß es nicht mehr so piekte. Es wurde aber auch sehr viel getanzt, denn innerhalb weniger Jahre etablierten sich rund zweihundert »Bals« mit Musik und Tanz auf dem zum Lustbarkeitshügel gewordenen Berg des Martyriums.

Das Jahr 1868 brachte ein Ereignis von historischer Bedeutung: Debray junior befestigte an seiner »Moulin de la Galette« die erste mit Leuchtgas betriebene Lichtreklame. Diese bunten Lampengirlanden lockten nicht nur erlebnishungrige Liebespaare an, sondern auch viele alleinflatternde dolle Motten, in deren Gefolge Nachtschwärmer aller Art einschwebten. Bis zum Morgengrauen ging es überall hoch her, »tout Paris« vergnügte sich am Montmartre, von der kleinen Verkäuferin bis zur »grande Cocotte«, vom armen Commis bis zum Minister.

Es gab gutherzige Hotelwirtinnen, bei denen sich am Wochenende arme, aber amüsierwillige und hübsche junge Näherinnen mit der Luxusgarderobe einer »Dame von Welt« ausstatten lassen konnten, leihweise und kostenlos. Sie hatten dafür nur eine ganz kleine Bedingung zu erfüllen: Mit dem beim Tanz gefischten und hoffentlich zahlungskräftigen Kavalier mußten sie das Etablissement der geschäftstüchtigen Ausstatterin aufsuchen, wo zu einem gelungenen Abschluß des Abends alles bereit stand, vom gekühlten Champagner über das breite Bett bis zum so beliebten großen Wandspiegel.

Oft schmückte auch eine sehr teuer aussehende Vase den Tatort des galanten Abenteuers. Diese Vase pflegte beim bewegten Vorspiel umzufallen und am Boden zu zerschellen. Dann brach das Mädchen in Tränen aus, weil sie der Wirtin das Ding angeblich ersetzen mußte. Der Kavalier zahlte bekniffen den geforderten Betrag, der im allgemeinen den zehnfachen Wert des zerbrochenen Dekorationsstückes ausmachte. Die Wirtin konnte also zehn neue Vasen kaufen, die denselben lukrativen Weg gingen. In gutgehenden Etablissements dieser Art wurden pro Nacht bis zu zwanzig Vasen nutzbringend umgeschlagen.

Am meist grauen Montagmorgen mußten die kleinen Näherinnen die Prachtkleider mit den knisternden Spitzen-Dessous wieder abgeben, aber sie durften eine hübsche Provision auf Champagner und Vasen kassieren. Deshalb gaben manche das Nähen bald ganz auf, und viele Nachfolgerinnen sollen mit der Näherei gar nicht erst angefangen haben.

Das Vergnügungsviertel verdichtete sich immer mehr und wurde nach und nach von der Unterwelt unterwandert, ohne die ein echtes Nachtleben ja kaum denkbar ist. Die uns aus vielen alten Filmen vertrauten »Beschützer« mit Halstuch und Schlägermütze übernahmen die Verwaltung von Liebe und Laster. Sie kämpften untereinander erbitterte Schlachten mit Messer und Pistole um jeden Quadratmeter Trottoir aus, auf denen sie ihre »Pferdchen« laufen ließen, jene emsig hin- und hertrippelnden Blumen der Gosse.

Infolge des großen Andranges konnten jeder Bewerberin höchstens drei Meter Trottoir zugeteilt werden, manche mußten lange Wartezeiten auf sich nehmen, und eine gute Ecke war eine Goldgrube.

Man sagt übrigens in Frankreich nicht »Sie geht auf den Strich», sondern viel hübscher: »Sie hat drei Meter Trottoir gepachtet«. Und was bei uns »Sittenpolizei« heißt, trägt in Paris die offizielle Bezeichnung »brigade mondaine«. Das klingt viel anheimelnder und macht den Unterschied zwischen den beiden Nationen besonders deutlich.

Bald lag die kommerzielle Nutzung des männlichen Wunsches nach weiblicher Abwechslung fest in den Händen von Korsen, sei es auf dem Trottoir oder in den rund um die Uhr geöffneten »geschlossenen Häusern« mit den weithin leuchtenden Nummern. Die schöne Mittelmeerinsel Korsika, die Frankreich seinen Napoleon schenkte, bescherte ihm nun die hart, aber gerecht regierenden Herren der Unterwelt von Montmartre, die Organisatoren und Inkasso-Berechtigten des horizontalen Gewerbefleißes.

Der Professor erzählte mir, daß er nach dem Ersten Weltkrieg auf der Terrasse eines Cafés am Boulevard Rochechouart die Bekanntschaft eines solchen korsischen Trottoirverwalters machte. Der Mann der Praxis lud den Mann der Wissenschaft zu einem Apéritif ein. Als es ans Zahlen ging, steckte er zwei Finger in den Mund, stieß einen lauten Pfiff aus – und schon kam sein »Pferdchen« hereingetrabt, beglich die Zeche aus ihrer Handtasche und trippelte sofort dienstbeflissen und ohne ein Wort zu verlieren wieder ab.

Die Korsen sorgten für Ordnung im Revier. Aus gutem Grund und zur besseren Kontaktpflege wurde auch der Posten des Pariser Polizeipräsidenten stets mit einem Korsen besetzt, denn der kannte seine Pappenheimer. Das Verhältnis der Pariser Unterwelt zu ihrer Polizei galt in der ganzen Welt als vorbildlich, ebenso wie die äußerst korrekt geführten, international belegten Häuser mit den leuchtenden Nummern und so schönen Namen wie »Sphinx« und »Maison des Nations«. Im letzteren Etablissement waren sämtliche Länder der Welt in mindestens einem weiblichen Exemplar vertreten, und selbst der etwas ausgefallene Wunsch nach einer Sächsin soll dort anstandslos erfüllt worden sein.

»Das waren noch Zeiten!« seufzte mein weißbärtiger Nachtlebens-Historiker, und kam zum Schluß der mir verabreichten Geschichtsstunde: »Leider setzte nach dem Zweiten Weltkrieg die sittenstrenge Parlamentsabgeordnete Marthe Richard durch, daß alle diese Freude und Erleichterung spendenden Häuser geschlossen wurden. Die Korsen fanden aber bald einen neuen Dreh, wie sie ihre Geschäfte weiter führen konnten, nur wurde jetzt alles wegen der nach außen zur Schau getragenen Heimlichkeit viel teurer. Die neuerlassenen Vorschriften verboten, daß ein zur Kontaktaufnahme dienender Getränke-Ausschank in direkter räumlicher Verbindung zu mietbaren Liegestätten stand, juristisch gesehen also eine Trennung von Tisch und Bett. Die korsischen Herren von Montmartre kauften nun Hotels und brachen neben dem Eingang eine zweite Tür heraus, hinter der sie eine Bar errichteten. Dorthinein setzten sie ihre Pferdchen, die dann mit dem zu Weiterungen bereiten Gast aus der einen Tür zur Straße hinaus und zur anderen ins Hotel hineingingen. Damit war dem Gesetz Genüge getan. Und so ist es heute noch, wie Sie gleich sehen werden, wenn Sie einen Bummel durch das Viertel machen!«

Ich dankte dem Professor für das lichtvolle Kolleg über die Geschichte des Montmartre. Aus dem Eingang des »Moulin Rouge« quollen die inzwischen mit einem Cancan bedienten »Paris-bei-Nacht«-Teilnehmer und traten einen geordneten Rückzug in die Omnibusse an, um zum »Lido« weiterzudonnern.

Beim Abschied sagte ich zu dem Lyzeums-Veteranen, daß ich mir kaum eine schönere Privatstunde am Montmartre denken könnte als die von ihm soeben gegebene. Das meinte ich völlig ehrlich. Er lächelte listig aus seinen Rotwein-Äuglein und rief mir noch nach: »Schmeißen Sie keine Vasen um ...«

An Wissen bereichert bummelte ich den sündigen Boulevard zwischen Place Blanche und Place Pigalle entlang. Auf dem schmalen Trottoir schoben sich Touristengruppen, abgesplitterte Gesellschaftsreisende und scheu um sich blickende Einzelgänger an den zahlreich dargebotenen Versuchungen vorbei.

Aus den hellerleuchteten Schaukästen der Strip-tease-Lokale sprangen die nackten Gesäße und Busen der dort angeblich auftretenden »schönsten Mädchen von Paris« den Passanten in das längst abgehärtete Auge. Man versuchte, etwas Neues zu bieten, indem man die abgebildeten Nackedeis mit nachtlebensfremden Requisiten hantieren ließ: Mit einem großen Drillbohrer, einem Fuchsschwanz (im Sinne von Säge) oder mit einem Hammer. Ob das beim halbwegs normalen Beschauer ein erotisches Kribbeln verursachen kann, möchte ich dahingestellt sein lassen. In einem anderen Schaukasten machte sich eine Stripperin am Rocken eines alten Spinnrades zu schaffen, und etwas weiter trug eine Schöne als einziges Kleidungsstück ein Buch an einer Stelle, an der sie vieles, aber bestimmt nicht lesen konnte.

Das Lesbarste an den Strip-tease-Fassaden war der in meterhohen Neon-Lettern verkündete Eintrittspreis von 2 NF 50, also 1 DM 70. Leider wird von den Leuten, die darauf hereinfallen, jenes kleine, im Halbdunkel diskret vor dem Eingang angebrachte Preistäfelchen nicht beachtet. So erfahren sie meist viel zu spät, daß drinnen ein Bier DM 20.–, eine Flasche Champagner sogar DM 100.– kostet. Für diesen Betrag kann man woanders zwei ganze Mädchen mitnehmen.

Ein sehr billiges und wirklich empfehlenswertes Vergnügen gönnte ich mir im »Salon d'amusement«, wo man nach Einwurf eines einzigen Francs seine Augen gegen ein Hartgummi-Okular pressen und einen sehr lehrreichen Film sehen kann, der neue Wege zur Behebung von Autopannen aufzeigt: Da steigt eine korrekt gekleidete Dame aus einem Auto, weil dasselbe offensichtlich nicht mehr will. Sie öffnet die Motorhaube und dann ihre Bluse, wobei zwei hübsche Anlasserknöpfe zum Vorschein kommen. Nachdem sie eine Zeitlang erfolglos mit einem Schraubenschlüssel unter der Haube herumgefummelt hat, zieht sie sich im suggestivsten Stripstil vor dem Kühler splitternackt aus. Wenn der letzte Faden fällt, springt der Motor von selber an. Ende des durch Überbeanspruchung stark verregneten Lehrfilms. Wenn dieses Beispiel Schule macht, werden wir im Straßenverkehr demnächst noch einiges zu sehen bekommen.

Die im Andenkenladen ein paar Häuser weiter angebotenen Heimkino-Kassetten mit so verlockenden Titeln wie »Der Vampir und das Blut der Jungfrau«, »Die Peitsche von Lesbos« und »Film d'intimité« trugen deutschsprachige Aufkleber: »*Zwei* Kuenstler!!«

Die den Boulevard entlang trottenden Passanten stauten sich jeweils für einige Sekunden an den Einmündungen der finsteren Seitengäßchen gegenüber der Place Pigalle, um einen konzentrierten Blick auf das im Halbdunkel kräftig blühende Laster zu werfen.

In einer dieser Gassen stieß ich auf eine dichtgedrängte Gruppe von Männern, die wie gebannt einen gegenüberliegenden, ziemlich schäbigen Hoteleingang beobachteten, vor dem eine stämmige Venusdienerin lässig an die Mauer gelehnt auf Kundschaft wartete. Ich stellte mich zu der Gruppe in der festen Annahme, daß da drüben irgendwas Aufregendes zu erwarten war. Vielleicht war die Polizei gerade in die Absteige eingedrungen und schleppte gleich einige gefesselte Missetäter heraus oder gar die Leiche eines vom Schlag getroffenen älteren Lustsuchers, ein in den Annalen der Stundenhotels von Montmartre gar nicht so seltener Fall. Ich wartete und wartete – es tat sich nichts. Die

Männer rührten sich nicht vom Fleck. Als dann schließlich ein allein ankommender Nachtbummler mit der Türsteherin im Hotel verschwand und kurz darauf im zweiten Stock ein Fenster hell wurde, starrten alle dorthin. Sie marschierten, wenn ich so sagen darf, im Geiste mit. Als die beiden getrennt wieder herauskamen, zerstreute sich die Männergruppe, neue Interessenten nahmen die Trottoirstellung ein.

Einige meiner Mitsteher traf ich in der Automaten-Spielhalle wieder, wo sie über ein U-Boot-Sehrohr kleine, am gemalten Meereshorizont entlang ziehende Schiffe mit lautem Knall versenkten oder an den Flipper-Kästen unter heftigen Zuckungen des Unterleibes möglichst hohe Nummern zu erzielen versuchten. Wieweit diese Tätigkeiten als sogenannte Ersatzhandlungen zu verstehen sind, möchte ich den Untersuchungen ernsthafter Wissenschaftler überlassen.

Unter den Neonlicht-Kaskaden der Place Pigalle liegt das Imperium der Witwe Martini, die von ihrem Mann (einem Korsen) eine Kette von Nachtlokalen erbte. Die zierliche Witwe regiert seit vielen Jahren mit zarter Hand, ihr verlängerter Arm besteht jedoch aus einer Privatpolizei bulliger Herren, die im ganzen Viertel dafür sorgen, daß den Gästen nur auf halbwegs legale Art das Geld abgenommen und niemandem auch nur ein Haar gegen seinen Willen gekrümmt wird.

Leider wurde der Lustbarkeits-Witwe von Charles de Gaulle in seinem letzten Amtsjahr ein furchtbarer Schlag zugefügt: Er setzte den amerikanischen Truppen, die jeden Freitag ein sicheres Stoßgeschäft garantierten, den Stuhl bzw. die Stützpunkte vor die Tür. Seitdem fand eine starke Abwanderung einschlägiger Damen in die deutschen »Eros-Center« statt, und so war der gemeinsame Markt ja wohl nicht gedacht. Für den laufenden Bedarf ist jedenfalls rund um die Place Pigalle noch genügend Deckung vorhanden.

Ich stieg hinauf zum Montmartre und setzte ehrfürchtig meinen Fuß auf kunstgeschichtsträchtigen Boden. Über diese Pflastersteine und Treppen schleppten fast alle großen Maler der Neuzeit ihre Farbkästen und Staffeleien. Die meisten von ihnen waren schon vor der Jahrhundertwende in das idyllische Dorf oberhalb des Amüsierzentrums hinaufgezogen, weil es sich dort fröhlich und billig leben ließ. Bei Frédéric, dem Wirt des Bohème-Treffpunktes »Lapin à Gil«, gab es wohlfeilen Wein, einfache Kost und vor allem Kredit. Mit Kreide hatte er auf die Lokalwand geschrieben: »Die erste Pflicht eines Künstlers ist es, einen widerstandsfähigen Magen zu haben.«

So mancher hungrige Maler, dessen Bilder heute um eine Million herum kosten, spürte beim Verlassen der Kneipe etwas Hartes in der Tasche. Meist war es ein belegtes Brot, das ihm die gute Bedienerin Berthe heimlich zugesteckt hatte. Wenn das Essen auch knapp war, zu trinken gab es immer, schlimmstenfalls am kleinen Brunnen auf der Place du Tertre.

Einer der größten Trunkenbolde war Maurice Utrillo, der deshalb von seiner Lebensgefährtin meist unter Verschluß gehalten wurde. Im von außen verriegelten Kämmerlein malte er seine Bilder nach Ansichtskarten von Montmartre. Heute werden diese Gemälde zu Hunderttausenden als Ansichtskarten vertrieben, ein hübscher Kreislauf der Kunstgeschichte.

Wenn es dem trockengelegten Utrillo gelang, durchs Fenster zu entwischen, malte er dem nächsten Gastwirt für drei Liter Rotwein ein Bild. Die Kneipenbesitzer und auch der Brigadier der dörflichen Polizeiwache, in die der volltrunkene Utrillo oft gebracht wurde, hielten stets Pinsel, Farben und Leinwand bereit. Sie hatten nämlich herausbekommen, daß einige Kunsthändler unten in Paris bis zu zehn Franken für einen Utrillo anzulegen bereit waren. Inzwischen zahlen sie einige Hunderttausend.

Der einzige Montmartre-Künstler, der von Haus aus etwas Geld hatte, war Jules Pascin. Bei den Festen, die er in seiner Wohnung veranstaltete, trug er zum geblümten Schlafrock eine goldfarbene Melone (im Sinne von steifem Hut). Die Fenster wurden bei solchen Anlässen mit dicken Vorhängen und Brettern vernagelt, damit das Tageslicht die rauschende Geselligkeit nicht unterbrach. Die teilnehmenden Damen staunten immer wieder, was in einer einzigen Nacht (von Freitag auf Dienstag) alles passieren konnte.

Der großzügige Pascin überließ, wenn er verreiste, obdachlosen Kollegen seine Wohnung und numerierte vorher mit einem Stück Kreide die Einrichtungssgegenstände in der Reihenfolge ihrer Entbehrlichkeit, damit die Freunde sie bei allzugroßem Hunger oder Durst verkaufen konnten.

Bei meinem Bummel durch die Vergangenheit stand ich plötzlich vor dem Haus Rue Ravignan 13, das in alle Kunstgeschichten als »Bateau Lavoir« eingegangen ist. Den Namen »Wasch-Schiff« bekam das grotesk verschachtelte Holzgebäude mit den vielen Maler-Ateliers, weil es den Schiffen ähnelte, die einst auf der Seine den Pariser Wäscherinnen als Waschküche dienten.

Keine Gedenktafel kündete vom nunmehr millionenschweren Picasso, der hier jahrelang im blauen

Monteuranzug hungrig herumlief und stets einen geladenen Revolver in der Tasche hatte, mit dem er seinem spanischen Temperament durch Schüsse in den Nachthimmel des Künstlerdörfchens Luft machte.

Ehrfürchtig drückte ich die von vielen Künstlerhänden abgewetzte Klinke herunter, knarrend öffnete sich die Tür. Über ausgetretene Dielenbretter stieg ich durch das Treppenhaus mit den vielen Ateliertüren und stand dann vor dem in fast jeder Picasso-Biografie abgebildeten Ausguß mit Wasserhahn, der allen Bewohnern der Baracke als Badezimmer, Geschirr- und Pinsel-Spültisch, in höchster Not sogar als Getränkequelle diente.

Ich konnte in diesem Moment noch nicht ahnen, daß ich einer der letzten war, die diese Geburtsstätte der modernen Kunst betrachten durften. Zwei Tage später brannte das »Bateau Lavoir« ab. Das über hundert Jahre alte hölzerne Bauwerk hatte die Kanonenöfen der leichtsinnigen Künstler, den Petroleumkocher Picassos und einige hunderttausend achtlos weggeworfene Zigarettenkippen gut überstanden. Ein kleiner Kurzschluß in der Lichtleitung schaffte es dann.

Ein mehr oder weniger gutes Dutzend Maler, die hier noch hausten und ihre Inspirationen aus dem geweihten Boden bezogen, wurden obdachlos. Um ihr wirtschaftliches Fortkommen braucht man sich kaum Sorgen zu machen. Sie werden, um eine neue Wohnung bezahlen zu können, wie so viele andere Meister des Pinsels ins Touristengeschäft einsteigen und sich in die dicht an dicht auf der Place du Tertre aufgebauten Staffeleien einreihen, um am Fließband marktkonforme Ansichten von Sacré Coeur zu fertigen und jene so gern gekauften Bilder zerlumpter, aber herziger Kinder.

Das ganz große Geschäft sind allerdings Touristenporträts, die der Auftraggeber nur dann zu bezahlen braucht, wenn sie ähnlich sind. Da die Bilder stets aufs Höchste idealisiert und völlig unähnlich sind, werden sie in jedem Falle abgenommen.

Die Maler von Montmartre brauchen nicht mehr Hunger zu leiden. Der verspätete Ruhm der Künstler, die hier gehungert haben, schlägt sich in überhöhten Preisen der Restaurants nieder.

Im »Lapin à Gil« werden zu gesalzenen Preisen gepfefferte Lieder vorgetragen. In der »Grange au bouc« bemalt sich nach dem Auftreten der österreichischen Kuhglocken-Virtuosen »Egon Kruse und Adele« eine Oben-ohne-Dame den Busen mit tomatenroter Farbe, obgleich gurkengrün weitaus passender wäre.

Die bis Mitternacht geöffneten Souvenirhändler vertreiben mit großem Erfolg palettenförmige Aschenbecher mit aufgemaltem weiblichem Akt, in dem man seine Zigarette ausdrücken kann, aber auch künstlerisch hochstehende Holzfigürchen, bei denen ein typisch männliches Merkmal zu einem Korkenzieher umfunktioniert wurde.

Der öffentliche Brunnen der »Place du Tertre«, an dem sich Picasso und viele andere berühmte Maler in ihren schlechten Zeiten labten, wurde auf Betreiben der umliegenden Gastronomen ins Museum verbracht, da er dem Getränkekonsum im Wege stand.

Um der großen Vergangenheit und dem Tourismus gerecht zu werden, gaben alle Wirte der »Butte Montmartre« ihren Lokalen ein bohèmehaftes Aussehen, obgleich da kaum noch ein Künstler verkehrt. Nur einige Guitarren-Troubadoure ziehen von Kneipe zu Kneipe und singen wehmütige Lieder über dieses und jenes, meist jedoch über jenes.

An jenes dachte auch jener Tourist, der neben mir auf dem Gipfel des Montmartre stand, Sacré Cœur im Rücken und die flimmernden Lichter des Häusermeeres von Paris zu Füßen. Er sagte: »Da unten wird aber viel Unzucht getrieben!«

Woraus schloß er das? Ich fragte ihn. Seine Antwort war von bestechender Logik:

»Na, so viele Häuser!«

*

Zum Abschluß muß leider noch gesagt werden: Man amüsiert sich nicht mehr am Montmartre. Ängstlich, mißgelaunt oder mit schlechtem Gewissen trotten die Touristen durch das Neon-, Nepp- und Nuttenviertel zwischen Place Blanche und Place Pigalle. Nirgends wird gelacht.

Überall in Paris herrscht abends in Restaurants und Cafés lautstarke Fröhlichkeit, nur nicht im weltberühmten Vergnügungsviertel Montmartre.

Das schöne Land Luxemburg hat etwas weniger Einwohner als Gelsenkirchen, aber ein angestammtes Herrscherhaus, das mit milder Hand regiert. Die Landeshauptstadt mit ihren 77 000 Einwohnern (fast soviel wie Castrop-Rauxel) birgt neben der hohen EWG-Montanbehörde den stärksten Hörfunk-Sender Europas. Von seinen Sendemasten geht rund um die Uhr eine Musik- und Plauder-Dusche auf Mitteleuropa nieder, von der sich nachweislich 16 Millionen Bundesbürger täglich berieseln lassen. Ich hatte die Ehre, zu einem Plauderstündchen am Mikrofon von Radio Luxemburg eingeladen zu werden.

*

Im »Montan-Expreß« zwischen Koblenz und Luxemburg saß mir ein amerikanischer Tourist gegenüber, dem eine durchzechte Nacht im Gesicht geschrieben stand. Ich fragte ihn: »Kennen Sie Luxemburg?«

Der Mann mit dem Riesenkater sagte müde: »Nein – und ich werde es auch nicht kennenlernen ...«

Warum? Das war schnell erzählt: Auf seinem Europa-Trip hatte man den Gast aus Cincinnati gestern in einer Frankfurter Bar so gründlich ausgenommen, daß er zur Bezahlung der Rechnung sein Heimflug-Ticket 1. Klasse für 1400 Mark verkaufen mußte. Mit dem Geld, das ihm blieb, fuhr er nun nach Luxemburg.

Von dort fliegt nämlich, wie ihm die hochherzige Bardame nach dem Ausnehmen verraten hatte, die billigste Transatlantik-Luftlinie mit spartanischem Komfort langsam, aber sicher nach den USA. Und zwar für ganze 672.- pro Person.

In den anderen Abteilen gab es noch mehrere verkaterte Gestalten, die so aussahen, als triebe sie nur das Geschäftsgebaren Frankfurter Bardamen nach Luxemburg, von wo sich die Nachtlebensgeschädigten so billig wie nirgends sonst in die Heimat transferieren lassen konnten.

Es war schon spät abends, als wir in der fest schlummernden Mini-Metropole ankamen. In der Bahnhofshalle wies der rote Pfeil des Schildes »Touristen-Information« direkt auf die mit »W.C.« beschriftete Tür. Vielleicht standen die Auskünfte dort auf den Wänden.

Vor dem Gründerzeit-Bahnhof verbot eine amtliche Tafel das Taubenfüttern, wozu keiner der Ankommenden die geringste Lust verspürte. An den Fassaden der umliegenden Häuser spielten einige Neonröhrchen verschämt Weltstadt.

Vor den heruntergelassenen Scherengittern des Büros der billigen Luftlinie lagerten mit Sack und Pack einige US-Heimkehrer und warteten fröstelnd den Morgen und die Schalter-Öffnung ab.

Der Hotelportier begrüßte mich in französischer Sprache, ich äußerte mich auf deutsch, darauf telefonierte er ein paar Worte luxemburgisch, was wirklich eine eigene Sprache ist, und rief auf italienisch den

Hausdiener, der (wie jeder dritte Luxemburger) von südlich der Alpen kam. Englisch radebrechend führte mich der Italiener zu meinem Zimmer.

Auf dem Nachttisch stand ein weißes Kästchen, von dem ein Kabel in die Matratze führte. Der Kasten war mit einem Münzeinwurf und der hier buchstabengetreu wiedergegebenen Aufschrift versehen:

»Um ihnen eine neue Art von Erholung zu bieten, haben wir einen MASSAGEBOY an ihrem Bett angebracht. Er entspannt nach einem anstrengenden Tag und erfrischt vor dem besonderen Anlaß.«

Nanu?

Die kleingedruckte englische Fassung war genauso geheimnisvoll. Dort hieß es »Before that special event«, also »vor jenem speziellen Ereignis«. Von Neugier übermannt, warf ich eine Münze ein und legte mich auf die vor besonderen Anlässen erfrischende Liegestatt.

Es klickte im Kästchen – und schon begann die Matratze unter mir zu vibrieren wie die Motorhaube eines alten Kolchosen-Traktors. Als die vollmotorisierte Liegestatt sich nach 15 Minuten wieder beruhigte, schlief ich ohne »special event« ein. Es war meine erste Bekanntschaft mit so einem Bibber-Bett. Das Gerät scheint großen Anklang zu finden, denn man trifft es neuerdings in vielen internationalen Herbergen an.

Am frühen Morgen machte ich mich auf zum Sender. Zu Fuß, denn nichts kann in Luxemburg weit sein. Trotzdem herrscht reger Autoverkehr, vor allem verursacht durch schwere Limousinen mit CD-Schild, was entgegen einer weitverbreiteten Volksmeinung nicht »crétin dangereux« bedeutet. 54 Nationen sind in Luxemburg mit einer Botschaft oder Gesandtschaft vertreten. Nach dem Überqueren des Viadukts zur hoch auf dem Felsplateau liegenden Altstadt kam ich an der Residenz des britischen Botschafters vorbei. Was muß ein Diplomat angestellt haben, der in ein Land mit der Einwohnerzahl Gelsenkirchens versetzt wird?

Im »Cinéma de la Cour«, direkt neben dem mit vielen Türmchen, Erkern, Dachreitern und Wetterfähnchen gezierten großherzoglichen Palais, gab es einen Sofia-Loren-Film. Auf einem der ausgehängten Bilder war der bescheidene Ausschnitt der lebensvollen Bluse Sofias mit einem Stück schwarzen Klebestreifens abgedeckt, wie er im übrigen Mitteleuropa nur noch bei unten-ohne-Filmbildern verwendet wird. Der Klebestreifen sagte mehr über Luxemburg als mancher dicke Reiseführer.

Beim Bummeln durch die verwinkelten Altstadtgassen wollte ich die Bierkneipen zählen – es waren aber zuviel. Die Luxemburger halten seit Jahren voll Stolz den absoluten Rekord des größten Bierkonsums der Welt (pro Kopf der Bevölkerung).

Nachdem ich die Hauptstadt in zwanzig Minuten gemütlich durchschritten hatte, tauchte inmitten eines großen Parks das Gebäude von Radio Luxemburg vor mir auf. Ehrfurchtsvoll näherte ich mich auf kiesknirschenden Parkwegen dem Sendegebäude und schritt durch das Portal, das über und über mit eingekratzten Namenszügen von Fans der Sprecherinnen und Sprecher bedeckt ist.

Im vierten Stock empfing mich in seinem klitzekleinen Büro Herr Stoldt, allmächtiger Programmdirektor und Herr (im besten Sinne des Wortes) des buntesten Vollblut-Disk-Jockey-Stalles unseres Kontinents.

Der Ätherwellen-Boß führte mich durch sämtliche

Räume der deutschsprachigen Abteilung, die jährlich 70 Millionen harte D-Mark von deutschen Firmen für die Verbreitung von Werbeslogans kassiert.

Die Besichtigung aller Räume dauerte knapp zwei Minuten. Im ersten Zimmer bereiteten sich Sprecher und Sprecherinnen auf ihre Sendungen vor, indem sie in den Morgenzeitungen herumschnippelten und die letzten aus dem Fernschreiber gezupften Meldungen studierten. »Aber nichts Politisches«, verriet mir Herr Stoldt, »denn sonst setzt uns der Osten einen Störsender drauf, und wir sind pleite!« Radio Luxemburg ist ein rein kommerzieller Sender, eine dividendenschwere AG.

Im nächsten Raum sortierten zwei Mädchen Hörerpost, die waschkörbeweise angeliefert wurde.

Das dritte Zimmer war bereits das letzte und das Herz von Radio Luxemburg: Das Studio, aus dem seit elf Jahren ein Non-stop-Programm mit ungeheurem Erfolg in den Äther geht.

Millionen Hörer würden wer weiß was dafür geben, wenn sie hier nur ein einziges Mal einen Blick hineinwerfen dürften. Sie wären aber bitter enttäuscht: Ein vier mal vier Meter kleines Kabuff mit einem großen Schild »Rauchen verboten« und einem durchlöcherten, von vielen Zigarettenkippen angekokelten Tisch in der Mitte, über dem das meistgehörte Mikrofon Europas hängt. Ein schadhafter Teppich, ein paar Stühle, ein wackeliger Kaffeehaus-Kleiderständer und ein Regal mit einem Lexikon. Das ist alles.

Hier lösen sich die Platten-Jockeys und Non-stop-Plauderer stündlich ab: Achim, Annelie, Rolf, Marion, Haidy, Wolfgang und wie sie alle heißen. Der ungekrönte Sprecher-König, der wahre »Graf von Luxemburg«, ist der aus Deutschland kommende Gastarbeiter Frank, von Freunden »Frank der Große« genannt. Seine treffsichere, dauernd scharf geladene Revolverschnauze hat ihm diesen Ehrentitel eingebracht. Mit ihm hatte ich vor dem Mikrofon ein Stündchen zu verplaudern und lustige Reiseerlebnisse zum besten zu geben.

Es war eine der aufregendsten Stunden meines Lebens. Mit gut gespielter Bescheidenheit versuchte ich, mich akustisch in ein gutes Licht zu setzen und Pointen zu servieren. Aber nach jedem Satz aus meinem Munde wurde eine Werbung eingeblendet für irgend etwas, das weißer wusch, besser roch, länger hielt oder naturreiner war als jedes andere Produkt dieser Erde.

Nachdem Frank allerlei Zugkräftiges für ein Mittel gegen üblen Mundgeruch abgespult hatte, lief eine Platte mit einem ebenso zugkräftigen Lied über die Liebe, woran sich nahtlos der Werbe-Slogan des »einzigen schweißrandentfernenden Waschmittels« und ein von mir erzähltes Reise-Erlebnis anschloß. Meine weiteren, mehr oder weniger tiefgründigen Auslassungen wechselten pausenlos mit Lieder in Sachen Liebe und harter Werbung in Sachen »Kräuter-Frischkäse«, »Bronchial-Bonbons« und »dem einzigen Fleckenmittel gegen Eigelb und Soße«.

Als ich gerade etwas besonders Witziges sagen wollte, leuchtete kurz vor der Pointe am Telefon das rote Lämpchen auf. Frank schaltete sofort um: Ein Hörer aus dem Rheinland rief an und meldete, daß die Polizei vor drei Minuten am Ortsausgang von Rüdesheim eine Radar-Falle aufgebaut hatte. Er sei das erste Opfer. Frank blendete sich ein und warnte alle Autofahrer: »Vorsicht! Radarfalle am Ortseingang von Rüdesheim!« Da konnte die Polizei ihre Geräte gleich wieder einpacken. Und meine Pointe war auch unter den verkokelten Tisch gefallen.

Nach der Plauderstunde mit Frank (alles in allem hatten wir bröckchenweise etwa sieben Minuten miteinander geredet, der Rest bestand aus Werbung und Musik) war Schichtwechsel. Monika übernahm das Mikrofon, um Gratulationswünsche zu erfüllen. Aus einem Stoß Postkarten fischte sie eine heraus und las vor: »Herrn Uwe Schulz aus Bremerhaven gratulieren seine Frau Erna, die Kinder Renate, Jens-Peter und Evelyn sowie Oma und Opa recht herzlich zum Geburtstag!«

Im Rausgehen fragte ich Frank, ob dieser Herr Uwe Schulz auf hoher See oder anderweitig fern von der Familie sei. »O nein«, sagte der erfolgreiche Platten-Reiter, »der sitzt mit seiner ganzen Familie vor dem Radio und wartet schon seit dem frühen Morgen darauf, daß sein Name genannt und von 16 Millionen Menschen gehört wird!«

Tausende solcher Glückwunschbitten laufen täglich ein, nur wenige sind auserwählt. Aber alle lassen an ihrem Geburtstag den Lautsprecher keine Sekunde aus dem Ohr, und das ist ja der Zweck der werbegespickten Sendung.

Wir gingen nach nebenan, wo die in Waschkörben angelieferte Hörerpost sortiert wurde. Für Frank waren heute neben den üblichen rund hundert Liebesbriefen auch einige Päckchen gekommen, die nun vor meinen Augen geöffnet wurden. Es kamen zum Vorschein: Ein mit Liebe gestrickter Pullover von einer Hörerin aus Bielefeld, ein Paar ebensolcher Socken aus Monheim, ein Paar lange Unterhosen nebst einer Flasche Whisky von einer Verehrerin aus Freiburg. Alle drei

Absenderinnen machten sich in den beigelegten Briefen Sorgen um Franks Gesundheit, der in einer der letzten Sendungen über Schnupfen geklagt hatte.

In diesen Naturalien-Sendungen liegt vielleicht eine Erklärung dafür, daß die Sprecher und Sprecherinnen von Radio Luxemburg bei einem nicht allzu üppigen Gehalt durchweg sehr teure Autos fahren. Viele private Ausgaben entfallen dank Hörerliebe.

Hörerpost-Durchschnitt: Bis zu zweihunderttausend Karten und Briefe im Monat. Das Gerücht, die Zentralheizung von Radio Luxemburg würde ausschließlich mit Hörerpost betrieben, ist jedoch eine starke Übertreibung.

*

Allen Besuchern Luxemburgs rate ich, sich die Besichtigung der als Sehenswürdigkeit gepriesenen Zitadelle »Zum Heiligen Geist« und ihrer Kasematten zu schenken. Da drinnen ist es kalt und feucht. Die Felsenstadt hat viele andere Reize, zum Beispiel das Grab des Hauptmanns von Köpenick. Dort habe ich ein paar Blumen niedergelegt, denn für mich ist der Schuster Wilhelm Voigt einer der ganz großen Deutschen. Auf dem Grabstein ist unter seinem Namen in ebenso großer Schrift der Name des Circus Sarrasani eingemeißelt, dessen Direktion den Grabstein stiftete. Die dauerhafte Schleichwerbung nimmt nicht weiter wunder in der Nachbarschaft des größten Werbesenders Europas.

Keinesfalls verpassen sollte man das sonntägliche Promenadenkonzert des großherzoglich luxemburgischen Militär-Orchesters im Musik-Pavillon auf der von alten Bäumen, Kneipen und dem Verkehrsbüro umrahmten »Place d'armes«. Die Kapelle ist siebzig Mann stark, die dazugehörige Armee etwas kleiner. Die Luxemburger haben nämlich die Wehrpflicht abgeschafft und bis auf die Musikinstrumente alles Zubehör öffentlich versteigert. Deshalb kann man in den Haushalten vieler Familien des fortschrittlichen Großherzogtums sinnvoll genutztes Armeegut finden. Die Armee wurde verkauft, aber nicht verraten.

Das weitaus schönste, was Luxemburg zu bieten hat, ist das Essen und Trinken. Hier gibt es die größten Portionen Europas und einzigartige, deftige Spezialitäten wie »Fierkeligelli« (Spanferkel in Gelee), »Gardeboonen (bei uns »Saubohnen« genannt), »Mullen mat Fritten« (Muscheln mit pommes frites) und »Kallebsbröschtle«, die pikant gefüllte Kalbsbrust. Dazu den herben Luxemburger Elbling oder die Perle der luxemburgischen Weine, das »Wormeldinger Köppchen«. Es ist das beste Köppchen des Landes, von den Funksprechern abgesehen.

Bis tief in die Nacht hinein habe ich gegessen und getrunken. Es ist die schönste Beschäftigung in Luxemburg. Viel mehr kann man da auch nicht machen. Über das Nachtleben brauche ich kein Wort zu verlieren, selbst das wäre noch zuviel. Es soll irgendwo eine Feudal-Bar mit Strip-tease geben, aber wo gibt es die nicht? Wer sucht, der findet auch Tanzlokale, aber die Luxemburger Mädchen haben eine kleine Eigenheit: Sie kauen beim Tanzen pausenlos Kaugummi.

Als ich weinselig ins Hotel zurückkam, drangen aus vielen Zimmern die Vibrationsgeräusche der Bibberbetten für besondere Anlässe. Wahrscheinlich rüsteten sich da von weither angereiste Schallplatten-Produzenten, Star-Manager und Werbe-Agenten zum Sturm auf die Publicity-Festung Radio Luxemburg. Der Kampf ist hart, denn soviel Programm, wie Herrn Stoldt von diesen Leuten kostenlos angeboten wird, kann er gar nicht senden.

Voll tiefer Eindrücke sank ich in die Kissen und las in der dreisprachigen Zeitung »Luxemburger Wort« (Untertitel »Für Wahrheit und Recht«, daher sehr kleine Auflage) den Bericht vom Warnstreik der luxemburgischen Europa-Beamten. Sie protestierten gegen einen »unterschiedlichen Gehaltserhöhungs-Koeffizienten« zwischen luxemburgischen und Brüsseler Europa-Angestellten, »weil Luxemburg durch die niedrigere Gehaltseinstufung zu einer europäischen Hauptstadt zweiten Ranges herabgewürdigt werden könnte.«

Diese Sorge halte ich für übertrieben. Solange aus Luxemburgs Sendemasten die tägliche, vierundzwanzigstündige Musik- und Plauder-Dusche auf Mitteleuropa niedergeht, solange wird Luxemburg in den Ohren und Herzen der Hörer eine Hauptstadt ersten Ranges bleiben.

Bei soviel Sex vergeht die Lust

Wie haben Freunde und Bekannte mich beneidet, als ich von der Quick-Redaktion zwecks Berichterstattung zur größten Porno-Messe der Welt nach Kopenhagen geschickt wurde, nach Pornomark, wie das sahnereiche Dänemark von bösen und unbefriedigten Zungen neuerdings genannt wird!

Zum Neid war aber nicht die geringste Ursache, denn alles, was da gezeigt wurde, war ein uralter Hut, nur daß dieser alte Hut noch nie so haargenau und aus sämtlichen Blickwinkeln dargeboten wurde.

Ein und derselbe Vorgang, der seit Adam und Eva allgemein bekannt sein dürfte, wurde in vielen tausend scharfgestochenen, stehenden oder bewegten Bildern präsentiert. Und zwar so, daß einem halbwegs sensiblen Menschen einiges für einige Zeit vergehen konnte. Mit Sex hatte das überhaupt nichts zu tun, denn Sex kann sehr lustig sein, Porno ist dagegen etwas furchtbar Trauriges. Nach dem Besuch der »Sex-Messe 69« war ich nicht etwa angeregt, sondern zutiefst deprimiert. Doch ich will die Geschichte nicht vom Schwanz her aufzäumen und schön von vorne anfangen.

Als ich dem Kopenhagener Taxifahrer etwas geniert die Sex-Messe als Fahrtziel nannte, lachte er auf und gestaltete ganz schnell mit Hilfe seiner zehn Finger eine ziemlich abstrakte, aber dennoch klare und volksnahe Darstellung des Vorgangs, der dieser Messe zugrunde lag.

Die Taxe setzte mich am Ende der viele hundert Meter langen Menschenschlange ab, die voll hochgespannter Erwartungen vor der Ausstellungshalle auf Einlaß wartete. Gut neunzig Prozent waren Männer, die meisten allerdings erst seit ganz kurzer Zeit. Herren sah ich keine, und was an Weiblichkeit in der Schlange stand, war kaum als Damen zu bezeichnen.

Auf dem Parkplatz stauten sich die Wagen mit bundesdeutschen Nummern. Sogar ein Kleinbus aus dem bayerischen Wallfahrtsort Altötting hatte den weiten Weg nicht gescheut, um hier Genaueres über die vielfältigen Möglichkeiten der Sünde zu erfahren.

Die Eintrittskarte kostete sechs Mark und wurde von einem mißmutigen Türhüter nicht gelocht, sondern lustlos abgerissen.

Das erste, worauf mein Blick in der Vorhalle fiel, war ein mehrere Quadratmeter großes, stark rot- und lilastichiges Farbfoto, das eine ganz spezielle Art des Lustgewinns wiedergab. Mehr läßt sich schwer sagen. Daneben befand sich ein Stand mit Bockwürsten, die von den weiblichen Betrachtern des Bildes dennoch mit Appetit zum Munde geführt wurden.

Etwas weiter stand in Riesenlettern die rätselhafte und nur schwer erfüllbare Forderung an der Wand »22 Geschlechter sind nicht genug!« Leider wurde ich im Gedränge abgetrieben und konnte nicht erfahren, was an diesem überfüllten Ausstellungsstand zur Untermauerung der seltsamen Forderung geboten wurde.

Trotz schärfsten Nachdenkens bekam ich keine 22 zusammen, aber einige Schritte weiter wurde mir eine überlebensgroße 69 in fotografischer Wiedergabe geboten, ein Hinweis auf das Jahr, in dem die erste Porno-Messe der Welt stattfand.

Im Riesenoval der zweckentfremdeten Sportarena, wo dicht an dicht die Stände der Porno-Industrie aufgebaut waren, schien man jedenfalls mit zwei Geschlechtern sehr gut auszukommen. Im Gewühl der Lustsucher schob ich mich an den reichbebilderten Kojen vorbei und glaubte immer wieder, meinen Augen nicht trauen zu dürfen, mußte es dann aber doch.

Die Liebe zum Detail feierte in meterhohen Standfotos und reichbebilderten Sex-Magazinen wahre Orgien. Der Blickwinkel entsprach meistens dem Gesichtskreis, den eine im WC-Abfluß verborgene Kamera abzuschwenken in der Lage wäre. Wer will das denn so genau sehen? Anscheinend viele, wie die ständig steigenden Exportzahlen der einschlägigen Bildproduzenten beweisen.

Projektionsapparate warfen in rascher Folge immer neue Farbdias mit sich verlustierenden (oder berlinisch »sich phallustierenden«) Paaren an die Wände. Die Hochleistungsprojektoren ermöglichten blitzschnellen Stellungswechsel, der das Herz so manches Militaristen höher schlagen ließ. Dabei fiel mir jener Witz ein, der in der Zeit der großen Arbeitslosigkeit nach dem Ersten Weltkrieg in Berlin kursierte: Ein Arbeitsloser kommt strahlend nach Hause und ruft schon in der Tür seiner Frau zu: »Emma, ich habe eine neue Stellung!« Darauf Emma: »Du solltest dir lieber Arbeit suchen!«

Für Anspruchsvolle, die ihr visuelles Lustbedürfnis nicht nur an Standfotos befriedigen wollen, gab es bei

Diese von höherer Warte nach der Natur gezeichnete Ausdrucks-Studie zeigt die Betrachter des Porno-Farbfilms »Im Taumel der Lust« an einem Verkaufsstand der Kopenhagener Sex-Messe. Die bis ins Detail vorgeführte Lust ist nämlich gar nicht lustig.

den Schmalfilm-Herstellern Angebote in jeder Länge. Die »Marmalade-Film-Corporation« fand das Ei des Columbus im Ein-Minutenfilm, den man als endlose Schleife in den heimischen Projektor einlegen kann und der, wenn er aufhört, sofort wieder anfängt. Dieser Effekt wurde im Prospekt sehr geschickt gepriesen: »Stundenlang sind Sie unter pikantem Einfluß – ohne Unterbrechung!« Letzteres möchte ich bezweifeln.

Der Schlager der Messe waren jedoch die »Pornofon-Filme«, also derselbe sattsam bekannte Vorgang, aber mit Musik und allen anfallenden Geräuschen. Eingekeilt in eine stumpf stierende Menschenmenge, wurde mir ein Filmerlebnis zuteil, das ich gerne mit meinen Lesern teilen will:

Es begann damit, daß unter Düsengedröhn eine Passagiermaschine der SAS zur Landung ansetzte. Außer der ziemlich eindeutigen Form des Rumpfes war nichts Unanständiges dabei. Nach der Landung hüpfte ein elegantes Paar die Gangway hinunter, und nun folgten in rascher Schnittfolge das Besteigen einer Taxe, Hoteleingang, Zimmer, erster Zärtlichkeitsabtausch, Total-Strip, Vorspiel »con brio«. Dazu sang aus unerfindlichen Gründen ein Kinderchor das zu Herzen gehende Lied »Kleine Kinder, kleine Sorgen, und ein Haus voll Sonnenschein«.

Als die beiden Protagonisten dann das, worum die ganze Messe sich drehte, kameragünstig in Angriff nahmen, wurde das Auf und Ab der Handlung vom Franz-Liszt-»Liebestraum« untermalt, je nach Situation geklimpert oder geblasen. Eingeblendete Lautmalereien aus dem Munde der Darsteller rundeten das Klanggemälde nach unten ab. Großaufnahmen ließen den Beschauer manchmal die Orientierung verlieren und erinnerten an den Vers aus dem »Taucher« von Schiller: »Da unten aber ist's fürchterlich!«

Als die Verrichtung (anders konnte man das kaum nennen) sich ihrem Höhepunkt näherte und die Bewegungen einen gewissen Rhythmus bekamen, wurde dieser von einem großen Tanzorchester mit hart skandierendem Schlagzeug aufgenommen, dazu sang ein Schnulzenbariton von der Liebe, welche wie ein Traum sei. Niemand lachte. Auch nicht, als der Film ganz kurz mit doppelter Geschwindigkeit lief. Und dann rauschten, genau im richtigen Moment, die heeren und ursprünglich wohl nicht für diesen Zweck gedachten Klänge von Beethovens »Eroica« auf. Da muß der Produzent wohl ein »t« hineingelesen haben. Ende des Films.

Rund um mich herum wurde alles wieder zehn Zentimeter kleiner. Während der Schlußszene hatten sich nämlich sämtliche Zuschauer auf die Zehenspitzen gestellt, um das Filmerlebnis bis zur unteren Bildkante auszukosten.

Mit dem beruhigenden Gefühl, »mehr kann man nun wirklich nicht zeigen«, ließ ich mich weiter durch die Porno-Show schieben und wurde bald eines Besseren belehrt: Da gab es Filme, in denen sich mehr als zwei aneinander betätigten. In den fürchterlichen Knäueln war nur schwer auszumachen, was zu wem gehörte. »Sein oder nicht sein«, die klassische Frage des Dänenprinzen Hamlet, drängte sich immer wieder auf. Das Überraschende an allen skandinavischen Farbfilmen war übrigens, daß die Agierenden keine FKK-Anhänger waren. Man sah es an der Bräune, die immer da aufhörte, wo die Filmhandlung anfing.

Langsam hingen mir die so überreichlich dargebotenen Geschlechtsmerkmale fremder Leute zum Halse heraus, und ich war heilfroh, als vor mir der Stand des Juweliers Larsen auftauchte, wo auf schwarzem Samt klitzekleine Schmuckstücke und Halskettchen blitzten. Was hatte das mit der Porno-Messe zu tun? Die Verkäuferin lächelte mich an, hob zwei kleine Anhänger hoch... es waren nackte Figürchen, die das Mädchen mit geschickten Fingern zu bewegen und zu vereinigen wußte, ein kleines Wunderwerk an Präzision.

Für jeden Geschmack wurde unendlich viel geboten. Besonders großes Gedränge herrschte bei den Firmen, die sich auf eine Kundschaft spezialisiert hatten, die zur Liebe Peitschen, Handschellen, Ketten und Folterwerkzeuge benötigt. Die bebrillte Verkäuferin im weißen Hosenanzug pries einem einschlägig veranlagten Herrn eine »neunschwänzige Katze« mit den Worten an: »Da haben Sie was für's Leben!« Na ja.

Sogar ein richtiges Schaffott wurde angeboten. Man sollte aber private Hinrichtungen nur vornehmen, wenn man einen sehr guten Rechtsanwalt hat.

In Selbstbedienungs-Spezialgeschäften gab es kleineres und größeres Zubehör sowie ein reiches Sortiment von Ersatzteilen.

Und wenn's schließlich nur noch zum Lesen langt: Bücher mit so zugkräftigen Titeln wie »Der fleißige Herr Mastbaum«, »Mein Bett ist meine Burg«, »Drei Schwestern und dazu die Mutter« brachten für jeden etwas.

Vom Überangebot ermüdet, ließ ich mich in einer der ansteigenden Sitzreihen der für ganz andere Sportarten gebauten Halle nieder. Da wurde über Lautsprecher das »Große Sex-Kabarett« angekündigt. Ich saß genau richtig mit Blick auf die Bühne, deren Dekoration aus etwas bestand, das man bei einigem guten Willen für die Münchner Frauentürme halten konnte.

Davor rollte nun ein Programm ab, das die bis an den Rand mit Porno gefüllten Zuschauer zutiefst enttäuschte. Was war das schon, wenn eine busenbibbernde »Oben ohne«-Damenkapelle nur Musik machte? Der Name »Ladybirds« hatte mehr versprochen. Und daß ein Zauberer eine Nummer mit Vögeln vorführte, die er aus den eigenhändig heruntergerissenen Kleidungsstücken seiner Partnerin aufflattern ließ, gehörte auch nicht unbedingt hierher. Eine pikante Anspielung war höchstens aus dem von »Papa Bues Band« hervorragend geblasenen Schlager »Have a banana saturday night« herauszuhören.

Als ich die Messehalle verließ, fühlte ich mich keineswegs bereichert, sondern eher beklaut.

Tieftraurig sahen auch alle anderen aus, die mit mir der größten Porno-Show aller Zeiten den Rücken kehrten. Die Neuankömmlinge am Kassenschalter lachten noch. Beim Rausgehen lachte keiner mehr.

Nach den ewig gültigen Gesetzen der Weltgeschichte müßte das Pendel in absehbarer Zeit nach der entgegengesetzten Seite ausschlagen, nämlich zur totalen Prüderie. Vielleicht erleben wir noch, daß fanatische Sittenwächter alle Obeliske und Zwiebeltürme abtragen und daß Leute, die über Gliederreißen klagen, als Sittenstrolche ins Gefängnis gesteckt werden. Doch bis dahin wird noch viel Buntes aus Dänemark in die bundesdeutschen Post- und Abholfächer fließen.

Jedem Deutschen seinen Vogel

Nirgends in der Welt werden so viele Vögel gezeigt wie im deutschen Straßenverkehr. Das so leicht zu übersetzende Tippen an die Stirn ist das Rückgrat der Kraftfahrer-Umgangssprache.

Als mir neulich wegen meines unsportlichen Langsamfahrens mehrere Lenkradpiepmätze gezeigt wurden, fiel mein ausweichender Blick auf ein tannengeschmücktes Plakat vor einer biederen Münchner Gastwirtschaft: »Heute große Vogel-Ausstellung!«

Ich hielt an, um mir zur Abwechslung mal andere Vögel zeigen zu lassen.

Die Ausstellung fand in einem als »Festsaal« deklarierten Nebenraum des Bierlokals statt. An der Tür saß unter der Gedenktafel für die Krieger des Kanarienzüchter-Vereins eine spitznasige kleine Dame, pickte Kuchenkrümel von einem Teller und verkaufte Eintrittskarten sowie Programmhefte.

Auf langen Tischen standen dicht an dicht und in zwei Etagen übereinander die Vogelkäfige. Dazwischen drängte sich in den engen Gängen das zwitschernde Publikum. Die Leute versuchten nämlich, mit gespitzten Mündern den einsitzenden Singvögeln kleine Arien zu entlocken. Eine besonders temperamentvolle Dame stieß dabei ein volles Bierglas um, das auf dem Drahtbehältnis eines lustlos dasitzenden Kanarienhahnes stand. Im Gerstensaft-Wolkenbruch machte das Tierchen verzweifelte Schwimmbewegungen.

Eine rustikale Gestalt mit Schnauzbart fragte mich: »Wo sitzt denn der Vereinsmeister?« Nach bestem Wissen und Gewissen glaubte ich antworten zu dürfen: »Wahrscheinlich am Vorstandstisch!« Doch das stimmte leider nicht. Der Vereinsmeister saß in Käfig Nummer 44, war orangerot und ein sogenannter Farbenkanari.

Wie mir der Waldschratt erklärte, wird so ein Luxusgeschöpf durch Kreuzung eines amerikanischen Kapuzinerzeisigs mit einem deutschen Edelkanari erzeugt. Man kann den Farbeffekt allerdings auch erreichen, wenn man einen gelben Kanari mit einer ganz bestimmten Pfeffersorte füttert. Das ist aber verpönt und gilt als widernatürlicher Zuchtversuch.

Um die Ausstellung voll genießen zu können, las ich das Programmheft, dessen richtungweisendes Geleitwort mit »A. Mühleisen, Exotenobmann« unterzeichnet war.

Unter einem Exotenobmann hätte ich mir bis dahin einen Beamten des Bonner Entwicklungshilfe-Ministeriums vorgestellt. Nun wurde ich eines Besseren belehrt. Der Titel bezeichnet einen Funktionär des Farbkanarien- und Exotenzuchtvereins, der diese Ausstellung veranstaltete. Die neunundfünfzig Mitglieder waren im Programmheft namentlich genannt. Unter ihnen gab es einen ersten Vorsitzenden, einen zweiten Vorsitzenden, einen Kassierer, einen Schriftführer, den Exotenobmann, einen Farbkanarienobmann, einen Materialwart, zwei Revisoren und einen Sportwart.

Hier drängt sich die Frage auf: Was für Sportarten treiben Vögel? Ich hatte das Vergnügen, den Sportwart kennenzulernen. Zu meinem Erstaunen erfuhr ich, daß seine Aufgabe darin besteht, die Vereinsabende fröhlich zu gestalten, und zwar durch Spiele und humoristische Einlagen. Mit Vögeln hat das gar nichts zu tun, die schlafen unterdessen daheim in ihren gut zugedeckten Käfigen. Das deutsche Vereinsleben ist voller Wunder. Selbst die Liebe zum Vogel ist bis ins letzte organisiert.

Im hinteren Teil des Ausstellungsraumes waren meterhohe Maschendrahtkäfige aufgebaut, sogenannte Volieren. Darin tummelte sich alles, was in der Vogelwelt einen Namen hat, von der Blaumeise bis zum äthiopischen Blutschnabelweber.

Die Käfige waren liebevoll mit Steinen, Moos und anderen Requisiten echten Waldwebens ausgestattet. Die Rückwände hatten ein der naturalistischen Richtung anhängender Künstler mit Landschaften bemalt, die den Vögeln ein gewisses Freiheitsgefühl vermitteln sollten.

Die besonders zahlreich vertretenen deutschen Waldvögel flatterten vor einem liebevoll gepinselten Hintergrund aus Eichen und Kiefern, zwischen denen ein Hirsch optisch röhrte.

In der Voliere nebenan stand ein Kirchlein in einer verschneiten oberbayerischen Winterlandschaft mit dem Zugspitzmassiv als Hintergrund. Auf einem morschen Ast saß vor diesem Panorama ein mir völlig unbekannter Vogel. Das Täfelchen mit der Inhaltsangabe verriet: Es war ein afrikanischer Bülbül. Wie mochte diesem Importvogel zumute sein? Hielt er die Zugspitze für den Kilimandscharo? Hatte er Heimweh? Am Gesichtsausdruck ließ sich das nicht feststellen, weil alle Vögel von der Natur mit einem wandlungsunfähigen Pokergesicht bedacht wurden.

Ich bestaunte die diversen kunterbunten, von ihrem Obmann betreuten Exoten. Die meisten waren allerdings, wie mir mitgeteilt wurde, in der Bundesrepublik zur Welt gekommen, also keine eigentlichen Heimatvertriebenen mehr.

In einer Käfigecke schäkerte ein farbenprächtiger Kardinal mit einem weißbrüstigen Teichhühnchen vom Amazonas. Und das in Bayern! In anderen Drahtbehältnissen saßen Sittiche aller Schattierungen, waren vergnügt miteinander und ließen die Frage offen, ob es auch Unsittiche gibt.

Obgleich die Wellensittiche durchweg die Physiognomie levantinischer Teppichhändler haben, erfreuen sie sich im deutschen Heim großer Beliebtheit. Zweifellos, weil sie billig in der Anschaffung sind und sprechen können. Und zwar genau das, was man ihnen beibringt, also hören will. Einen besseren Gesprächspartner kann es kaum geben.

Unbestrittene Meister in der Kunst der Rede sind aber die ziemlich teuren Papageien und eine hinterindische, »Beo« genannte Dohlenart. Ich hatte das Glück Zeuge eines über zehn Meter hinweg geführten Dialoges zwischen einem Papagei in ganz hellem SPD-rosa und einem Beo in tiefstem CDU-Schwarz zu werden. Keiner von beiden begriff, was der andere sagte, und hörte auch gar nicht hin. Jeder Vogel krächzte nur die angelernten Redensarten in den Raum. Es war geradezu menschlich und klang wie der Dialog eines hypermodernen Theaterstückes. Ich habe wörtlich mitgeschrieben:

Die sprechgewandte Beo-Dohle läßt bei abendlichen Geselligkeiten im kultivierten Heim keine Langeweile aufkommen. Wenn das gelehrige Tier neben den gängigen Schimpfworten auch noch das Götz-Zitat beherrscht

»Komm rein!« – »Wo ist Frauchen?« – »Saupreiß!« – »Guten Morgen!« – »Rrraus!« – »Wer ist da?« – »Küßchen!« – »Tür zu!« – »Es brennt!« – »Marsch!« – »Hört, hört!« – »Liebling!« – »Dreckfink!«

Der Beo beendete die Diskussion, indem er den River-Kwai-Marsch pfiff. Das Publikum jubelte.

Der stolze Besitzer vertraute mir an, daß sein Vogel fünfzig Redensarten perfekt beherrsche. Der Wortschatz würde also für einen Abgeordneten in den hin-

und es in die Unterhaltung einwirft, ist die Fröhlichkeit der Gäste kaum noch zu steigern. Auch für Alleinstehende ist der Beo ein idealer Gesprächspartner.

teren Fraktionsreihen des Bundestages durchaus reichen. Es soll ja Volksvertreter geben, die in einer vierjährigen Legislaturperiode nur einen einzigen Zwischenruf riskierten, und der hieß: »Dann gehen Sie doch in den Osten!« Da könnte man doch ohne weiteres einen Beo hinsetzen. Als Diäten genügen ein paar Körner, und der Abstimmungsvorgang dürfte dem gelehrigen Tier auch keine Schwierigkeiten bereiten. Für hundert DM ist so ein Vogel schon zu haben.

Nach dem Rundgang hatte ich die Ehre, einen der Vereinsvorsitzenden kennenzulernen. Der freundliche alte Herr erzählte mir, achtundneunzig Prozent aller in westdeutschen Wohnungen gehaltenen einheimischen Singvögel würden in Italien gefangen und nach Deutschland exportiert. Unsere Nachbarn jenseits der Alpen, die mit Vorliebe knusprig gebackene Vögelchen verspeisen, machen dabei ein gutes Geschäft, das ganz nebenbei noch den Tierschutzgedanken fördert.

Während wir darüber plauderten, brach der Vogelvereinsvorsitzende plötzlich das Gespräch ab. Mit mißtrauischem Blick verfolgte er einen schwarzgelockten Südländer, der mit genießerischem Gesichtsausdruck durch die Käfigreihen wanderte. Das Wasser schien dem Romanen im Munde zusammenzulaufen, er fuhr mit der Zunge über die Lippen, wie im Delikatessenladen.

Mein Gesprächspartner ließ ihn nicht aus den Augen.

Auf einem weißgedeckten Tisch standen Biergläser und Würstchenteller. Darüber hing ein großes Plakat. »Hier die Original Münchner Meisenknödel!« Das schien mir in eklatantem Widerspruch zu den vogelschützenden Vereinszielen zu stehen. Es klärte sich dann aber so auf, daß die leckeren Knödel nicht aus, sondern für Meisen gemacht waren. Sie enthielten ebensowenig Meisen, wie die in Ferienorten angebotene »Touristenwurst« das Fleisch versprengter Gesellschaftsreisender enthält.

Am Ausgang waren die Ehrenpreise und eine Tombola aufgebaut. Ich kaufte zwei Lose, gewann einen Wellensittich und konnte ihn unmöglich zurückweisen, ohne in den furchtbaren Verdacht mangelnder Tierliebe zu geraten. In einem Pappschächtelchen von der Größe einer halben Zigarrenkiste bekam ich das putzige Wesen überreicht und setzte mich damit ins Lokal zu einer Runde angeregt diskutierender Vogelfreunde.

Ich bekam viele gute Ratschläge wie mein Sittich zu behandeln sei. Eine liebe alte Dame zum Beispiel gab mir den wertvollen Hinweis, Weibchen, die an den Eiern herumpicken, seien zur Zucht ungeeignet.

Wohlinformiert machte ich mich dann zu einer nahegelegenen Zoo-Handlung auf, wo es das Notwendigste für den neuen Hausgenossen zu kaufen gab.

Die erste Anschaffung bestand in einem Vogelbauer mittlerer Preislage. Der Sittich stieg aus der Pappschachtel in das neue Eigenheim um und gab durch sein Gehabe deutlich zu verstehen, daß da noch allerlei fehlte. Der Händler wußte genau, was das Tierchen besonders vermißte: ein Badezimmer. Ich kaufte eine Sittich-Badekabine und auf Anraten des Fachmannes einen unbedingt dazugehörenden rutschfesten Bodenbelag. Der Vogel soll beim Planschen nicht auf den Bürzel fallen, wofür jeder echte Tierfreund Verständnis haben wird.

Zum Wohlbefinden des geistig sehr regen Wellensittichs gehören kleine Spielzeuge. Die Auswahl war groß. Da gab es täuschend ähnlich nachgemachte Zelluloid-Sittiche, stumme Gesellschafter, auf denen der Käfigbewohner herumhacken kann. Sehr niedlich war auch der sogenannte »Playboy«, ein Behältnis mit einem darin beweglich aufgehängten Menschenköpfchen, das der Sittich gerne mit dem Schnabel hin und her stößt. Glockenspiele, Stehaufmännchen und andere Scherzartikel sind dazu angetan, die lebenslängliche Freizeit des Miniatur-Papageis angenehm zu verkürzen.

Nachdem genügend Spielzeug im Käfig untergebracht war, griff der Vogelzubehörhändler in ein Regal und holte ein kleines Turngerät hervor. Er sagte: »Das hier ist eine sehr zu empfehlende, absolut milbensichere Schaukel!« Es handelte sich da nicht etwa um eine Schaukel, auf der Milben gefahrlos hin und her schwingen können. Das Gegenteil ist der Fall: sie können sich auf dem Ding nicht halten. Bei den Milben hört die Tierliebe endlich mal auf. Deshalb mußte ich noch eine ziemlich teure Sprühflasche kaufen, die den Kleinstlebewesen in Käfig und Gefieder mit Giftgas das Lebenslicht ausbläst.

Für die Gesundheit des Sittichs ist natürlich das Futter von großer Wichtigkeit. Der Ladeninhaber empfahl mir ein bewährtes Kraftfutter mit Jod-Zusatz, der ein gesundes Funktionieren der Sittich-Schilddrüse garantiert. Daß ich mir in meinem bewegten Leben noch einmal Sorgen um ein so lächerlich kleines Vogelorgan machen müßte, hätte ich mir nicht träumen lassen.

Ich kaufte auch ein Sortiment Delikateßfutter, darunter eine Tüte mit der Aufschrift »Sprechkörner«. Sie sollen dem gefiederten Kehlkopfkünstler angeblich die Zunge lösen. Von Hanfkörnern riet der Fachmann ab, weil sie Opium enthalten, zu fett sind und Herzschäden verursachen.

Mir wurde ans Herz gelegt, noch einige Vogelverdauungsmedikamente mitzunehmen. Und weil Sittiche sehr zugempfindlich sind, mußte ich für etwaige Erkrankungen der Atemorgane vorsorglich eine Flasche Latschen-Öl zum Inhalieren erstehen. Wie man einen krummschnabeligen Sittich dazu bringt, das Zeug zu inhalieren, wagte ich nicht zu fragen.

Die vor mir aufgebauten Artikel machten inzwi-

Der so überaus zutrauliche Wellensittich ermöglicht auch Leuten mit schmalem Geldbeutel, ihre Tierliebe zu dokumentieren. Ein Küßchen vom gefiederten Liebling ist der schönste Lohn für die treusorgende Hausfrau.

schen etwa das Zweitausendfache des Vogel-Eigengewichtes aus.

Die letzte Anschaffung war ein Buch über alle mit der Sittichpflege zusammenhängenden Probleme.

Als mir die Rechnung präsentiert wurde, hätte ich beinahe ausgerufen: »Bei Ihnen piept's wohl!« Aber in dieser Umgebung war die Redensart sicher nicht am Platz. Hochbepackt verließ ich das Geschäft. Ein Beo rief mir noch nach: »Saupreiß!«

Zu Hause studierte ich gründlich den Sittich-Leitfaden, der mehrstündige tägliche Unterhaltung mit dem Vogel und eine Unmenge genau zu beachtender Pflege-

Details vorschrieb. Daraufhin schenkte ich das liebe, aber anspruchsvolle Wesen mit allem Drum und Dran zwei älteren Tanten, die gemeinsam ein Zimmer im vierten Stock eines Neubaublocks bewohnen. Doch die eine von ihnen erwies sich leider als wenig tierlieb. Nach einigen Tagen öffente sie in Abwesenheit ihrer Zimmergenossin Käfigtürchen und Wohnungsfenster, ließ den Vogel entwischen und schloß das Fenster wieder. Als sie dann, von dem dauernden Gepiepse befreit, ein schönes Buch las, erschien plötzlich im Fenster der behelmte Kopf eines Feuerwehrmannes. Passanten hatten das verärgerte Vögelchen auf dem Rande der Dachrinne sitzen sehen. Fünf Minuten später saß es wieder in seinem Käfig.

Leider gibt es keine Statistik, wie viele Großfeuer nur deshalb Großfeuer wurden, weil die Feuerwehr gerade irgendwo einen Wellensittich aus einer Dachrinne retten mußte.

Man sage mir nicht, der Verfasser einer solchen Statistik müsse ja wohl einen Vogel haben. In der Statistik ist, genau wie in der Tierliebe, nichts unmöglich.

Bei Bettenforschern und Schlafgestalten

Was würden Sie sagen, wenn Ihnen mit der Post eine Einladung vom »Gründungskomitee des Europäischen Instituts für Schlafhygiene und natürliche Schlafgestaltung« ins Haus flatterte? Sie würden das sicher für einen Scherz lieber Freunde oder gar Freundinnen halten. Auch ich neigte zu dieser Annahme, als so ein Brief ins Haus ankam. Man lud mich darin ein, in Köln an der Gründung des obengenannten Instituts teilzunehmen, das von bedeutenden Unternehmen der belgischen, französischen, holländischen, österreichischen, schweizerischen und deutschen Bettenindustrie ins Leben gerufen werden sollte.

Ich weiß seit langem: Auf dem Gebiet der Fachverbände ist heutzutage nichts unmöglich. Und weil im Schlußsatz des Briefes »kleine Demonstrationen zur Erläuterung der Schlafgestaltung« versprochen wurden, packte ich meinen schönsten Pyjama ein und fuhr nach Köln.

In einem feudalen Hotel zu Füßen des ehrwürdigen Domes sollte bei einem Presseempfang »der Öffentlichkeit dargelegt werden, wie notwendig eine Verbesserung der gegebenen Verhältnisse ist.« So stand es in der Einladung.

In der Halle hing eine Tafel mit der Aufschrift: »Schlafinstitut: Weißer Saal.«

Der Hinweis mochte auf Gäste, die nichts von dem Treffen der Bettenindustrie wußten, ziemlich überraschend wirken.

Weil ich bei meinen Reportagen grundsätzlich eine Stunde vor dem Einladungstermin komme, um das Drum und Dran der Vorbereitungen mitzuerleben, traf ich im Weißen Saal nur ein paar rührige Herren an. Sie entpuppten sich als Werbeberater und Public-Relations-Manager eines deutschen Bettenindustriellen und erzählten mir (oder, präziser gesagt, wollten mir erzählen), daß die Gründung des Schlafgestaltungsinstitutes unabhängig von wirtschaftlichen Einflüssen erfolge. Es gehe dem Veranstalter darum, die Volksgesundheit durch gesündere Bettenausstattung zu heben. Auf meine Frage, wer denn der Veranstalter sei, wurde zu meiner nur geringen Überraschung eben jener Bettenindustrielle genannt, in dessen Dienst die Herren standen. An dem Institut können sich aber, so wurde mir ausdrücklich versichert, alle am Bett interessierten europäischen Unternehmer beteiligen. Es handelte sich um einen horizontalen (anders war es in dieser Branche wohl kaum zu erwarten) Zusammenschluß der europäischen Bettenindustrie auf der Suche nach dem ganz neuen Schlafgefühl.

Durch gemeinsame Forschung soll die gesündeste Schlafgestaltung gefunden werden. Ein durchaus begrüßenswertes Unterfangen, nachdem die millionenfachen, unkoordinierten und unwissenschaftlich vorgenommenen Einzelversuche bis heute den schlechten Schlaf nicht aus der Welt schaffen konnten.

Während wir über die Zukunft des Bettes plauderten, kam eine Dame herein, die ich aus der Presseabteilung eines Filmverleihs kannte. Der Verleih war inzwischen pleite gegangen, und nun betätigte sich die bisherige Filmschaffende in der Öffentlichkeitsarbeit für moderne Bettenausstattung. Sie war vom Film zum Bett gekommen, eine durch die Zelluloidkrise verursachte völlige Umkehrung der bisherigen Usancen.

Die charmante Betten-Public-Relations-Dame erzählte mir, daß der obenerwähnte Industrielle mit Hilfe eines Meinungsforschungsinstitutes bundesrepublikanische Hausfrauen über alle mit dem Schlaf zusammenhängenden Probleme befragen ließ.

Das dürfte wohl der delikateste Auftrag gewesen sein, mit dem jemals fragebogenbewaffnete Interviewer an fremden Wohnungstüren klingelten. Tausende von Hausfrauen wurden getestet, und es gab nur wenige Verweigerungen. (So bezeichnen die Meinungsforscher bekanntlich das Verhalten einer Testperson, die keine Auskunft geben will.)

Ich durfte in dem kiloschweren, zweihundert Schreibmaschinenseiten starken Befragungsbericht blättern.

Eine der ersten Fragen, die ahnungslosen Hausfrauen gestellt wurden, wenn sie morgens einem wildfremden, aber wohlgeschulten Meinungsforscher ihre Wohnungstür öffneten, lautete: »Was verstehen Sie unter gesundem Schlaf?«

Daß auf diese Frage so viele offen geantwortet haben, beweist die Aufgeschlossenheit der deutschen Hausfrau.

Wo die Befragung endete, konnte ich dem Bericht leider nicht mehr entnehmen, denn der Bettenindustrielle betrat, von seinem persönlichen Stabe umgeben, den Saal.

Ich hatte die Ehre, ihm vorgestellt zu werden. Und nicht nur das, ich lernte auch den Ehrenpräsidenten der »Union européenne litière« kennen, einen Monsieur Minon aus Belgien. In dieser, wenn ich sinngemäß übersetzen darf, »europäischen Bettgemeinschaft« sind seit Jahren die europäischen Bettenindustriellen zusammengeschlossen. Es handelt sich aber um eine rein wirtschaftliche Vereinigung, keinesfalls zu verwechseln mit dem rein idellen Zusammenschluß derselben Leute im »Institut für Schlafgestaltung«.

Herr Ehrenpräsident Minon, ein alerter Herr in den besten Jahren, sagte mir: »Wir schlafen in Belgien auch, deshalb haben wir die gleichen Probleme.« Er äußerte sich sehr zufrieden über die europäische Zusammenarbeit.

Im Bettensektor funktioniert die europäische Gemeinschaft also schon ausgezeichnet, aber das dürfte Geschichtskennern nichts Neues sein.

Herr Minon sagte mir, daß er jetzt nur noch Ehrenpräsident der Bettgemeinschaft sei. Früher war er aktiver.

Wir mußten unser Gespräch abbrechen, weil ein Team der Fernseh-Tagesschau anrückte. Die emsigen Mattscheibenbelieferer wollten die für den Nachmittag vorgesehenen Bett-Demonstrationen schon vorweg filmen, um sie abends hochaktuell in den Äther zu jagen.

Leider untersagte die Hoteldirektion das Abkurbeln natürlicher Schlafgestaltungsszenen in ihrem wohlrenommierten Hause. Deshalb rollten der Fernsehregisseur mit seinem Stab, der Bettenindustrielle mit seinem Stab, die Werbefachleute mit ihrem Stab, ein Lieferwagen mit den Demonstrationsbetten und schließlich auch ich über'n Rhein ins Messegelände, wo man gegen Intimsphären-Aufnahmen nichts einzuwenden hatte.

Zwei Fotomodelle wurden telefonisch alarmiert, denn die Fernsehleute sagten mit Recht, daß ein leeres Bett langweilig sei.

Als die Mädchen mit ihren Schmink-Köfferchen anrückten und erfuhren, daß sie sich nur ins Bett legen und etwas bewegen sollten, waren sie angenehm überrascht. Die eine sagte: »Da bin ich heilfroh! Im Bett zu liegen ist viel einfacher als in verkrampften Stellungen für Modefotos zu posieren!« So hat jeder Beruf seine Licht- und Schattenseiten.

In einem leeren Ausstellungsraum wurden Scheinwerfer aufgestellt und zwei Betten gemacht: ein antiquiertes Gitterbett mit gewaltigen Federkissen und ein modernes. Der Bettenindustrielle wurde ans Mikrofon gebeten und sprach über seine, beziehungsweise des Schlafinstitutes Ziele.

An Hand des einen Mädchens, das sich weisungsgemäß schlaflos und mit gequältem Gesichtsausdruck in den vorsintflutlichen Federbetten wälzte, bewies er die Notwendigkeit moderner Bettausstattung. Um die ideale, gesunde Bettausstattung zu finden, so sagte er, würde am heutigen Tage das «Europäische Institut für Schlafhygiene und natürliche Schlafgestaltung« gegründet, das an führende Wissenschaftler Forschungsaufträge vergeben solle.

Den Fernsehtechnikern sah man an, daß sie gerne solche Forschungsaufträge übernommen hätten.

Dann kuschelte sich das zweite Fotomodell wohlig in dem modernen Bett mit den Produkten des Bettenindustriellen. Das durfte allerdings nicht laut gesagt werden, um jede Bettenschleichwerbung zu vermeiden.

Nach den Fernsehaufnahmen fand im Hotel die offizielle Gründung des Schlafinstituts hinter verschlossenen Türen statt. Nur die Sekretärinnen der Bettenforscher waren zugelassen. Die Männer, die sich unseren gesunden Schlaf aufs Panier geschrieben hatten, schritten etwas übernächtig in den »Weißen Saal«. Die Vorarbeiten zu diesem sicherlich in die Bettgeschichte eingehenden Kongreß hatten sie wohl etwas mitgenommen.

Punkt 16.30 Uhr öffneten sich die Flügeltüren. Die europäischen Bettenfachleute stellten sich der Presse. Von der interessanten Thematik angelockt, waren viele Journalisten und Journalistinnen erschienen.

Wir standen zunächst zwanglos in Gruppen herum, während Sandwiches und mehr oder weniger scharfe Getränke serviert wurden.

Dann ergriff der soeben in geheimer Sitzung gewählte Präsident des nunmehr offiziell gegründeten Schlafinstitutes das Wort. Die Wahl war – welch ein Zufall – auf den deutschen Industriellen mit der großen Schlaf-Forschungsinitiative gefallen.

Der Herr Präsident stützte sich zunächst auf die Meinungsumfrage und sagte, »zufallsgesteuerte Stichproben hätten ergeben, daß jeder zweite Bundesbürger mit seinem Schlaf unzufrieden sei.«

Was eine zufallsgesteuerte Stichprobe ist, verriet er nicht.

Der Redner forderte eine gesunde Bettausstattung für jeden. Er wagte zu behaupten, daß von breiten Kreisen der Bevölkerung dem Bett viel zu wenig Interesse entgegengebracht wird, und nannte sich stolz einen Mann der Praxis.

Außerdem wies er auf den wissenschaftlich erhärte-

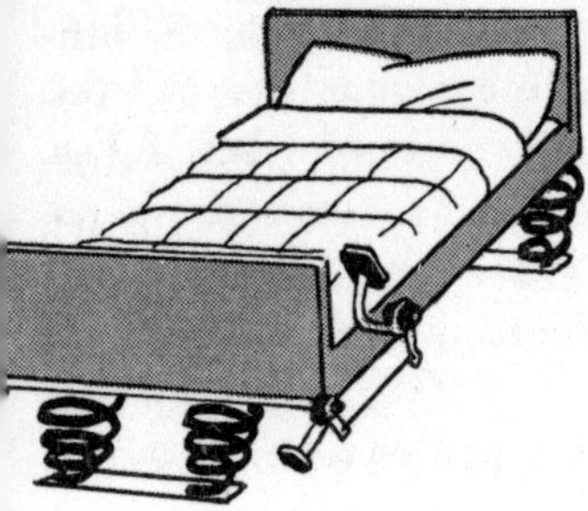

Das voll gefederte Traumbett vermittelt echtes Schwebegefühl. Ein Fußpedal ermöglicht schnelles Feststellen der Liegestatt bei etwaigen Unruhezuständen.

Das Sicherheitsbett gewährt sicheren Schutz vor was auch immer. Sehr zu empfehlen für das Tochterzimmer. Auch das so gefährliche Schlafwandeln wird verhindert.

Bett-Zusatzgerät für die Anlieger von Düsenjäger-Flugschneisen. Der an das Oberbett anknöpfbare, geräusch-isolierte luftdichte Leichtmetallhelm verfügt über automatische Sauerstoffzufuhr.

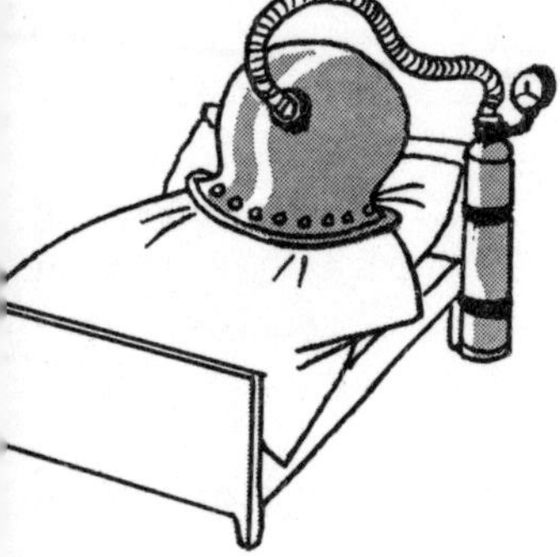

ten großen Einfluß eines gesunden Schlafklimas hin, womit die Temperaturverhältnisse unter der Zudecke gemeint waren, und sagte wörtlich: »Im Bett sollen keine Hitzestauungen entstehen, sondern ein guter Wärmeaustausch stattfinden. Das ist nur möglich bei einer anschmiegsamen, luftdurchlässigen Bettausstattung.«

Ich fand es sehr bedauerlich, daß viele der anwesenden Journalisten nicht den für dieses Thema unbedingt notwendigen Ernst aufbrachten. Es zuckte in den Mundwinkeln. Zur Ehre der männlichen Pressevertreter muß allerdings gesagt werden, daß es eine Dame war, die als erste laut losprustete und eine befreiende Heiterkeitswelle auslöste. Es passierte, als der Präsident ausrief: »Es gibt ältere Leute, die noch heute eine fünfundzwanzig Jahre alte Zudecke benutzen!«

Was komisch daran sein soll, wenn jemand noch die ererbten Federbetten in Betrieb hat, blieb mir unklar. Etwas verärgert war ich, als der Vortragende das Bett der Großeltern wörtlich als »unhygienischen Bakterienbeutel« bezeichnete. Wissenschaftlich gesehen mochte er recht haben, aber ich lasse das Bett meiner Großeltern nicht beleidigen. Es hat seinen Zweck still und tapfer erfüllt, wie unser aller Gegenwart beweist.

Karneval im Sitzen

Die Meinungen über den straff organisierten rheinischen Karneval sind geteilt. Das merkte ich bereits beim Passieren der Sperre des Hauptbahnhofs von Mainz: In der Halle warb ein großes Plakat für »Sonderfahrten über Karneval in die Schweizer Berge«. Wer daran teilnimmt, darf wohl als Karnevalsflüchtling bezeichnet werden.

Dank Fernsehen haben wir alljährlich beide Kanäle je einen Abend lang bis oben hin voll von dieser urtümlichen Orgie volksnahen Humors. Für nichtrheinische Nichtfernseher erkläre ich kurz das Schema einer »Sitzung«, wie die Festlichkeiten mit Recht heißen. Es ist bei allen 950 Karnevalsgesellschaften das gleiche:

Auf der Bühne sitzt neben einem möglichst großen Blasorchester der Elferrat mit seinem Präsidenten. Von hier werden die Schunkel-, Lach- und Beifalls-Einsätze des an langen Tischen beim Weine sitzenden Publikums kommandiert. Der besondere Reiz dieser Geselligkeit besteht darin, daß die Gäste nicht eine Sekunde lang Gelegenheit haben, sich miteinander zu unterhalten. Dadurch wird jeder Streit vermieden.

Die »Sitzung mit Damen«, an der ich in der Rheingoldhalle eingekeilt zwischen zwei waschechten Rheintöchtern teilnehmen durfte, dauerte volle sechs Stunden. Die Stühle waren hart, und nur die Schunkel-Einlagen verschafften den vielen tausend Gesäßen durch schnellwechselnde Gewichtsverlagerung halbseitige Erleichterung.

Das körperliche Gemeinschaftserlebnis des weinseligen Schunkelns, bei dem man jeden Arm unter einer anderen, völlig fremden Achsel hat, vermittelt dem daran Teilnehmenden eine Art Nestwärme und führt ihn mit nahezu tödlicher Sicherheit aus der inneren Isolierung heraus. Darin liegt der große psychotherapeutische Wert des Karnevals.

Die lautstarke Fröhlichkeit wurde mit fester Hand vom elfköpfigen Präsidium geleitet, das in makellosen Fräcken und reichbestickten Narrenkappen auf der Bühne thronte. Sechs Stunden lang lag ich unter konzentriertem Humorbeschuß rheinischer Stimmungskanonen, die mit großem Trara in der »Bütte« in Stellung gingen.

Die Bütte hatte die Gestalt einer Eule und hinten einen Sicherheitsgurt, der vom diensttuenden Harlekin sorgfältig verschlossen wurde, wenn ein neuer Witzbold den Pappmaché-Vogel bestiegen hatte. So wurde verhütet, daß die Karnevalisten in der Ekstase des Vortrages oder gar vor Lachen über die eigenen Witze hinten runterfielen.

Die Augen der Eule bestanden aus zwei starken Glühbirnen, die immer dann aufleuchteten, wenn gelacht werden sollte, durfte oder mußte. Diese optische Lach-Steuerung wurde jeweils vom Orchester mit den ersten Takten des Badenweiler Marsches unterstrichen, dem bewährtesten aller Stimmungsmacher. So wußte auch der Dümmste stets, wann es etwas zu lachen gab,

Wer bei einer Sitzung das Glück hat, am Schnitt-

... wird pro Minute circa dreißigmal sehr Kreislauf-

punkt zweier gegenläufiger Schunkelwellen zu sitzen ...

fördernd zusammengepreßt und auseinandergezogen.

und ich muß ehrlich gestehen, daß mir diese Signale bei vielen Witzen eine große Hilfe waren.

Der Themenkreis, der von den Büttenrednern in selbstgeknittelten Versen behandelt wurde, reichte vom Mondflug bis zu örtlichen Verkehrsproblemen.

Zentrales Anliegen waren jedoch die Beziehungen zwischen Mann und Weib, die am Rhein äußerst gespannt zu sein scheinen. Kein einziger Bütten-Komiker ließ sich die Gelegenheit entgehen, über die schwindenden Reize seiner Lebensgefährtin vielbejubelte Witze zu reißen. Da reimte einer:

Mach dir nichts vor, mein lieber Freund,
Beim Treten in die Ehe!
Denn aus dem schönen Schmetterling
Wird sehr bald eine Krähe!

Großer Beifall, keine der anwesenden Damen schien sich getroffen zu fühlen. Der nächste widmete dem Dekolleté der Gattin die blumigen Zeilen:

»Dein Busen, der einst Knospe war – ist jetzt 'ne Trauerweide!«

Die Leute lachten schon, bevor die Eule das entsprechende Signal gegeben hatte.

Den Vogel schoß jedoch ein männliches Duo ab mit folgendem Dialog:

»Meine Frau braucht ein neues Knödel-Etui!«

»Was ist denn das?«

»Ein BH!«

(Lichtsignal, Badenweiler Marsch, Jubel.)

»Dann kaufe ihr unbedingt einen gestrickten, der schön warm hält!«

»Warum?«

»Der Wetterbericht hat Bodenfrost angekündigt!«

Im Lachgebrüll des Saales ging sogar der Badenweiler Marsch unter. Die herrlich überspitzte Komik der hintersinnig bildhaften Pointe hatte den Beifall wohl verdient.

Das waren nur einige wenige der Humorperlen, die hier nicht etwa vor die Säue geworfen wurden.

Nun kam auch die weibliche Seite zu Wort und zahlte mit gleicher Münze heim: Eine Büttenrednerin ließ sich mit krähender Stimme über männliche Schwächen aus, vor allem aber über Manneschwäche, was von den anwesenden Damen mit Lustgekreisch aufgenommen wurde.

Im Laufe des Abends merkte ich, daß die Büttenredner und auch die elf Herren des Präsidiums nach jeder Pointe ihren Blick auf einen Punkt links hinter mir richteten. Ich drehte mich um: An diesem Punkt saß Herr Scharfenberg, Abteilungsleiter beim ersten Fernsehen. Er allein hatte zu entscheiden, wer in der Monstre-Sendung »Mainz, wie es singt und lacht« mitmachen darf. Genau besehen wurde hier nur für ihn gesungen und gelacht.

Der Mattscheibenboß war umrahmt von zwei Assistenten, die immer erst dann lachten, wenn auch er lachte, und das war leider ziemlich selten. Ich fürchtete deshalb, daß den Fernsehzuschauern eines der schönsten Beispiele hautnaher Lyrik vorenthalten wird, womit der erste Teil des knallvollen Programms effektvoll gekrönt wurde. Das Lied handelte von einem Pullover, und der Refrain wurde von allen begeistert mitgesungen:

Der Pulli war zu klein,
Da ging nicht alles rein!

Der Pulli war zu eng
Da macht es plötzlich peng!
Und was ich da gesehn,
Das war ganz wunderschön!

Man mag kaum glauben, daß diese feinziselierten Verse nicht von ausgekochten Schlagertextern, sondern von schlichten, berufstätigen Menschen aus dem Volke gedichtet wurden, echten Amateuren. Und doch ist es so! Alle bei den Mainzer Fastnachts-Sitzungen auftretenden Künstler sind Laien, die ihre selbstgeschmiedeten und immer wieder behämmerten Verse in ihrer knapp bemessenen Freizeit schufen.

Mit vollem Recht nennen deshalb die Mainzer ihre Fastnacht im Gegensatz zum deftigen Kölner Karneval und zum sexgeladenen Münchner Fasching einen »literarischen Karneval«. Im Präsidium eines jeden Narren-Vereins gibt es ein »literarisches Komitee«, dessen Mitglieder ganz offiziell »Komiteter« heißen und das ganze Jahr über auf der Suche nach zugkräftigen Fastnachts-Texten sind.

In der Pause hatte ich die große Ehre und das Vergnügen, dem Präsidenten und den Komitetern vorgestellt zu werden. Es waren lauter liebenswerte, meist ältere und im Dienste der Narretei ergraute Herren, die es deshalb um so härter treffen mußte, daß die Zuschauer-Indexzahlen der Sendung »Mainz, wie es singt und lacht« in den letzten Jahren beträchtlich absanken. Über die in der Presse so häufig erwähnten internen Streitigkeiten unter den Karnevals-Vereinen konnte ich nichts erfahren: Die Narren-Funktionäre erwiesen sich als echte rheinische Gentlemen und wollten nichts Böses über die Konkurrenz sagen. Unterirdisch soll der Kampf um den Platz auf dem Bildschirm allerdings bis aufs Messer gehen.

Der zweite Teil des Programms stand dem ersten um nichts nach, ja, übertraf ihn sogar stellenweise.

Das literarische Komitee hatte großartige Arbeit geleistet, wie schon der gemeinsam gesungene und wirklich überraschende Liedtext bewies:

Zwei Ständer, die auch »Bää« man heißt,
Bringen wir mit auf die Welt,

(Um Mißverständnissen vorzubeugen: »Bää« ist der mainzerische Ausdruck für »Beine«)

Und wenn der Mensch per pedes reist,
Er eins vor's andere stellt!

Den rauschendsten Lacherfolg hatte ein Büttenredner, der als Spitzwegfigur in geblümtem Morgenrock und besticktem Samtkäppchen auftrat. So was scheint es in Mainz heute noch zu geben, denn der Biedermeier-Vater berichtete von seiner Tochter: »In ihrem Bikini kann sich nicht mal ein Floh verstecken!« (Eule leuchtet, Tusch, Applaus wie gehabt)

»Neulich kam sie mit einem Kleid an, da konnte der Barnard eine Herzverpflanzung vornehmen, ohne einen Knopf aufzumachen!«

Wieviel Denkarbeit mochte dahinterstecken, um diese gekonnte Übertreibung zu gebären! Unter großem Jubel bekam der Karnevalist einen wohlverdienten Orden, und der Präsident verriet dem Publikum: »Unser neuer Aktiver ist von Beruf Lehrer, und wir können hoffen, daß er die Jugend an das Karnevalsgeschehen heranführt!«

Damit hatte der Präsident an den wundesten Punkt

des Mainzer Karnevalsgeschehens gerührt: Die Jugend macht das so traditionsreiche Sitzungstheater nicht mehr mit. Das Durchschnittsalter der Anwesenden lag um vierzig herum, und auch das nur dank der jungen Kellnerinnen.

Als der Präsident auf dem Höhepunkt der Stimmung in den Saal rief: »Wollt Ihr die totale Fastnacht?« und das Publikum aus vielen tausend trunkenen Kehlen so laut »Jaaaa!« brüllte, daß die Dekorationen von der Wand zu fallen drohten, mußte ich die so überaus gelungene Sitzung leider fluchtartig verlassen, weil mir irgend etwas im Magen hochkam und ein eiskalter Schauer den Rücken runterlief.

In einer gemütlichen Weinstube ließ ich die Eindrücke des Abends bei einem »Mainzer Handkäse mit Musik« nachklingen und kam ins Gespräch mit zwei jungen Männern, die sich als Mitglieder des »Gonsenheimer Carneval-Vereins« entpuppten. In diesen Mainzer Vorort-Narrenclub haben sich viele frühere Zugnummern der großen Mainzer Karnevals-Vereine grollend zurückgezogen. Warum? Die beiden Jung-Karnevalisten sprudelten abwechselnd die Antworten auf diese Gretchen-Frage heraus:

»Die verkalkten Altmänner-Vereine kassierten für das Auftreten unserer Leute vom Fernsehen -zigtausend Mark, die in die Vereinskasse flossen und von da in den Rosenmontagszug, mit dem der zu Pappmaché geronnene Humor durch die Stadt gekarrt wird!«

»Ursprünglich sollte doch das Elferrats-Präsidium auf der Bühne eine Parodie auf das blödsinnige Palavern von Regierungen sein! Die alten Knacker in Mainz nehmen ihre Rollen aber todernst und kommandieren das Publikum autoritär herum, in piekfeinen Fräcken und mit pfundweise Orden behängt, auf die sie ehrlich stolz sind!«

»Bei uns in Gonsenheim wird die Fastnacht revolutioniert und modernisiert!«

Das waren starke Worte. Am nächsten Abend fuhr ich hinaus in den Vorort Gonsenheim, wo in der Turnhalle eine »Sitzung mit Damen« stattfand. Und was sah ich auf der prunkvoll dekorierten Bühne?

Ein Elferrats-Präsidium in piekfeinen Fräcken, das mit fester Hand und mit pfundweise Orden behängt, die Lustbarkeit leitete. Ohne das geht's nun mal nicht.

Auch hier richteten die auftretenden Karnevalisten und die elf Herren des Präsidiums ihre Blicke nach jeder Pointe auf einen Punkt links hinter mir. Dort saß Herr Brobeil vom Zweiten Fernsehen, der entscheidet, wer in der Monstre-Sendung »Mainz bleibt Mainz« mitwirken darf. Er war eingerahmt von zwei Assistenten, die erst dann lachten, wenn auch er lachte, und das war selten.

Der einzige ins Gewicht fallende Unterschied zwischen den beiden von mir besuchten Sitzungen bestand darin, daß in Gonsenheim das Durchschnittsalter des Publikums weit niedriger lag als in Mainz und daß die Texte der Karnevalisten etwas moderner und lustiger waren. Außerdem gab es hier in der Turnhalle den Wein um die Hälfte billiger als in der prunkvollen Rheingoldhalle, was für die Stimmung wichtig war.

So war's also in Mainz. Und wie sahen die Sitzungen in Köln aus, wo der Karneval noch nicht in die Mühle des Fernsehens geraten ist? Um das zu ergründen, fuhr ich rheinabwärts. Leider war für die groß plakatierte »Letzte Herren-Sitzung« keine Karte mehr zu bekommen. Es hätte mich wirklich sehr interessiert, wie die letzten Herren, zu denen auch ich mich rechne, den Karneval feiern.

Im renommierten »Gürzenich« fand am gleichen Abend eine Prunk-Sitzung der Prinzengarde statt, in die man mich nach Erlegung von zehn Mark zuzüglich zwanzig Pfennige »Zug-Zuschlag« hineinließ. Letzterer sollte nicht etwa die Kosten für die Lüftung des Saales decken, sondern war ein Pflichtbeitrag zu den Kosten des Rosenmontagszuges.

Und wieder saß ich eingekeilt zwischen zwei rheinischen Kompakt-Damen, mit denen ich gerne mal ein Wort gewechselt hätte. Aber ihre Blicke waren nur auf Bütte und Bühne gerichtet, damit ihnen nichts von dem dort verzapften Humor entging. Nur wenn die Musik einsetzte, packten sie meine Arme und bewegten mich laut singend hin und her.

Was aus der Bütte geboten wurde, war dem Mainzer literarischen Karneval durchaus ebenbürtig. Ein als »Spitzenkraft« angekündigter Komiker griff das auch in Mainz so bewährte Ur-Thema auf und rezitierte:

»Als wir geheiratet haben, sagte meine Frau: Ich will Dein Rehlein sein ... (Tusch, Lachen, Applaus) ... heute ist sie eine betagte Hirschkuh ... (Tusch usw.) ... die müßte ja längst abgeschossen werden!« (Im brüllenden Gelächter untergehender Tusch.)

Ich habe wörtlich mitgeschrieben, ein Irrtum ist ausgeschlossen.

»Ist das nicht zum Heulen, so singt der Vater Rhein!«

Das ist keine bissige Bemerkung meiner Feder, sondern der Text des Schunkelliedes, das wir dann gemeinsam sangen. Der Refrain mit stark hinkendem Versfuß lautete:

»Lockt oben die Lore, kratzt unten die Ley,
und mein Allerwertester ist blau wie ein Osterei!«

Dieses farbige Stimmungsbild wurde abgelöst durch eine Rede des Präsidenten, der bisher nach jeder Darbietung sein Glas gehoben und die rund dreitausend Gürzenich-Insassen aufgefordert hatte, ihr Glas auf irgend etwas zu leeren. Das brachte ihm jedesmal zirka fünfhundert Mark ein, denn er war, wie fast alle Karnevals-Präsidenten, Getränkegroßhändler und hatte den Wein im Saal geliefert. Nun ergriff er das Wort, um die Witwe eines Elferrats-Mitgliedes zu begrüßen. Er sagte: »Wir haben viele schöne Erinnerungen aus den glanzvollen Tagen, als Ihr verstorbener Mann hier auf der Bühne stand!« Das muß eine sehr lustige Trauerfeier gewesen sein. Sie zog sich, nach den Worten des Präsidenten zu urteilen, über mehrere glanzvolle Tage hin.

Und noch ein Marsch. Und noch ein Witzbold. Und noch ein Schunkelwalzer. Als meine Nachbarinnen mich wieder packen und unter Absingen des Liedes »Mein Gebiß ist weg« hin und her zerren wollten, da habe ich mich ihnen verweigert und bin gegangen.

Während ich an der Garderobe auf meinen Mantel wartete, erklang aus den Lautsprechern die Stimme des Präsidenten, der seinen Trink-Kunden zurief:

»Wir von der Prinzengarde sind stolz auf unsere Besucher! Wenn man soviel an einem Abend lachen kann, muß man schon sehr viel Humor haben!«

Das kann ich nur unterstreichen.

Etwa hundert Meter hinter dem Ausgang der Karnevals-Hochburg stieß ich auf ein Sarggeschäft. Die dort ausgestellten Endverbrauchsgegenstände vibrierten, denn das »Wumm-Tata« der Musik aus dem Festsaal drang bis hierher. Ich hatte nicht übel Lust, mich wegen totalen Humormangels einsargen zu lassen.

Das wäre auch sicher im Sinne des Festkomitees gewesen, das mir wegen dieses durchaus sachlichen und wahrheitsgetreuen Berichtes ernstlich böse ist und sogar für kurze Zeit den Humor verlor. Denn schließlich ist der Karneval eine sehr ernst zu nehmende Angelegenheit. Mit Recht heißt es in der »Narrenschelle«, dem Verbandsorgan der Karnevalsgesellschaften:

»Der Karnevals- bzw. Fastnachtsbrauch ist hinsichtlich der Unterhaltungsmöglichkeiten in den Fastnachtsgebieten der Bundesrepublik zweifellos die harmloseste.«

Dieser Satz verrät eine profunde Kenntnis der menschlichen Unterhaltungsmöglichkeiten.

Und darauf ein kräftiges Helau! Alaaf!

War bei Ihnen auch schon einer?

Nach angelsächsischem Vorbild machen jetzt auch im deutschen Wahlkampf die Kandidaten der Parteien Hausbesuche, um im Direktgespräch Stimmen zu fangen. War bei Ihnen auch schon einer?

»Sie sagten eben, daß Sie selber vier Kinder haben? Und ich dachte immer, Abgeordnete seien immun!«

»So, von der CDU kommen Sie? Da werden Sie es schwer haben, meine Stimme zu gewinnen – Ihr Konkurrent von der SPD macht sich bereits nützlich!«

»... und wenn Ihr Gatte Sie nicht recht versteht, kleine Frau – glauben Sie mir: meine Partei versteht Sie!«

»Jetzt habe ich in der Aufregung ganz vergessen, für welche Partei Sie nun eigentlich kandidieren ...«

Bundesbürger, Dein Bonn!

Ein witziger US-Diplomat prägte vor Jahren das Scherzwort: »Bonn ist halb so groß wie der Zentralfriedhof von Chikago, aber doppelt so tot!«

Da hat sich inzwischen einiges geändert: In Bonn herrscht reges Leben und vor allem Treiben. Ich habe die Bundeshauptstadt besucht, ohne dort etwas zu tun zu haben, ein in der Geschichte dieser Mini-Metropole äußerst seltener Fall.

Als ich in Bonn den gutbesetzten D-Zug als einziger verließ, ertappte ich mich bei einem seltsamen Gefühl, das schlagartig bewies, wie wenig stolz wir Bundesbürger auf unsere längst nicht mehr provisorische Hauptstadt sind: Ich genierte mich vor den Mitreisenden, weil sie womöglich denken konnten, ich gehörte dazu.

Bonns Hauptbahnhof sieht so aus, wie die umliegenden Straßen heißen: Kaiserstraße, Königstraße, Hohenzollern-, Bismarck-, Moltke- und Heerstraße, ja, es gibt sogar eine Wesselstraße, die jedem freistellt, wessen er da gedenken will.

Im städtischen Verkehrsbüro erkundigte ich mich, was man einem ahnungslosen Fremden an Stadtrundfahrten oder Besichtigungen zu bieten hätte. Verschämt sagte die zuständige Dame: »Im Winter gar nichts, da muß es erst wieder wärmer werden.« So lange wollte ich nicht warten und ließ mir einen Stadtplan mit numerierten Karos zur Selbstorientierung geben. Das kleinkarierte Bonn – welch hübscher Hintersinn!

Ziemlich hintersinnig erschien mir auch so manche Reklame, auf die mein Auge in Bonns Altstadt fiel. In riesigen Neon-Buchstaben leuchtete von einer Fassade der Werbespruch »Diplomat zum Schreiben« und gleich daneben »Dynamit Nobel«. Hier waren die beiden Extreme diplomatischer Bemühungen auf engstem Raume werbend vereint.

Im Schaufenster einer Bank verkündete ein Plakat: »Alle wollen ihr Geld, *wir* wollen *mehr*!«

Der drohende Unterton ließ mich erschauern.

Eine Samenhandlung hatte große Säcke mit der Aufschrift »Deutsche Einheitserde, besonders geeignet zum Umtopfen« vor die Tür gestellt, angeblich »besser als Mist«. Es kann also niemand mehr behaupten, in Bonn würde zu wenig für die Einheit getan.

Auf eine Straßenbahn waren in großen Lettern die Worte gemalt »Durst löscht man mit Schlegel«, daneben drei schwere Holzhämmer. So mancher Ortsfremde, der nicht weiß, daß es sich um den Namen eines einheimischen Bierbrauers handelt, mag vor dieser schmerzhaften Methode des Durstlöschens zurückschrecken.

In keiner Stadt der Welt sah ich in den Schaufenstern so viel Party-Zubehör. Als »Tip des Monats« wurde eine »Abstreifgabel« angepriesen, mit der man am kalten Büfett die belegten Brötchen aufspießt, um sie durch Betätigung eines Knopfes am oberen Ende der Gabel auf den Teller fallen zu lassen und dann mit den Fingern in den Mund zu stecken.

Das überreiche Angebot an goldenen Taschen-Sektquirlen, silbernen Kerzenlöschern und chromblitzenden Patentverschlüssen für angebrochene Sektflaschen bewies mir, daß in unserer Hauptstadt das Gesellschaftsleben in höchster Blüte steht. Es ist weitgehend auf Sand gebaut, denn Stephan Sand heißt der zwischen alten Fachwerkhäusern und barocken Fassaden residierende Frackverleiher Bonns.

Herr Sand erzählte mir, daß er vor zehn Jahren mit nur zwei Fräcken anfing und heute über fast vierhundert solcher Prestige-Verkleidungen gebietet. Aber die reichen oft nicht aus, wie zum Beispiel seinerzeit beim Bonn-Besuch des Königs M'Tata von Kalaua. (M'Tata ist nicht etwa ein musikalischer Scherz. Das afrikanische Staatsoberhaupt hieß wirklich so.)

Der schwarze Potentat verlangte, daß sein Gefolge und alle Gäste im Frack erschienen. Dem waren Sands Bestände nicht gewachsen, höchste Beamte drohten leer auszugehen. Da sprangen der gerade in Bonn gastierende Zirkus Williams und die Millowitsch-Bühne mit ihrem Frack-Fundus ein. Der Manegenduft soll bei dem festlichen Empfang deutlich spürbar gewesen sein.

Ehrfürchtig stand ich vor den langen Reihen sauber ausgerichteter Leih-Zylinder. Herr Sand verriet mir, daß die Hutnummern der in Bonn tätigen Staatsdiener weit über dem Bundesdurchschnitt liegen. Das berechtigt zu den schönsten Hoffnungen.

Aber nicht nur die Hutnummern, auch die Körperweiten der Bonner Leihfrackträger haben überdurchschnittliche Maße. Herr Sand klagte, daß er alle Fräcke enger machen muß, wenn ihr Zustand den diplomatischen Anforderungen nicht mehr gewachsen ist und die Gebrauchtkleidung an Bonns Kellner weiterverkauft

»Jetzt weiß ich endlich, was du meinst, wenn du von deiner ›Fraktionsdisziplin‹ sprichst ...«

wird. Jeder Bonner Ober trägt einen Frack, in dem so etwas wie Geschichte gemacht wurde.

Nach dem interessanten Einblick in Bonns Kleiderkammer fuhr ich mit einem Taxi durch das Regierungsviertel, denn zu Fuß kann man das unmöglich schaffen.

Der Fahrer war ein früheres Mitglied der griechischen Botschaft und hatte aus Gewissensgründen umgesattelt. Er zeigte mir den tausendfenstrigen Sitz des Auswärtigen Amtes. Das gewaltige Bauwerk wird demnächst von seinen Insassen verlassen, denn es ist zu klein geworden. Das nebenan befindliche Postministerium übernimmt die Räume, um sich aufs Doppelte zu

vergrößern, nachdem es abgeschafft wurde. Denn nur der Postminister wurde abgeschafft, das Ministerium heckt nach dem Parkinsonschen Gesetz weiter.

Durch die großen Fenster konnte ich deutlich die verschiedenen Armleuchter sehen, die den Diensträumen der Ministerialbürokratie ihre repräsentative Note geben: dreiarmig für Regierungsräte, vierarmig für Oberregierungsräte, fünfarmig für Regierungsdirektoren, und so weiter bis hinauf zum Staatssekretär, der Anspruch auf eine zehnarmige Deckenbeleuchtung hat. Um die jeweils richtige Anrede zu finden, braucht man nur einen Blick auf den Armleuchter zu werfen.

Wir fuhren auf der »Diplomaten-Rollbahn« nach

Godesberg und zurück, vorbei an den Glas-, Stahl- und Betonwürfeln von Ministerien, Botschaften und Interessenverbänden, zwischen denen bescheidene Altbauten, Schrottplätze und Imbißstuben geduldig das weitere Steigen der Grundstückspreise abwarten.

Mein griechischer Cicerone zeigte mir die Bonner Amtssitze vieler wichtiger Interessenverbände. Ich sah die Häuser des Verbandes der deutschen Senf-Industrie, der bäuerlichen Junggeflügelmäster, der deutschen Klavierhändler, Samenkaufleute, Schmalzsieder, Wermuthersteller, Mehlgroßhändler und vieler anderer. Wer nicht glauben will, daß es die hier aufgeführten Verbände wirklich gibt, lasse sich auf dem nächsten Postamt das Bonner Telefonbuch geben, da stehen sie alle drin.

Der sozialistisch infizierte Hellene setzte mich vor dem privatkapitalistischen Mammutbau des nagelneuen »Bonn-Center« ab, das gegenüber vom zweistökkigen Bundeskanzleramt zwischen Kleingärten und Bahngeleisen zweiundzwanzigstöckig zum Himmel ragt, zu dem hier allerlei hinaufstinken soll.

Es schneite, die Stimmung war vorweihnachtlich. Auf dem Dach des Bonn-Centers leuchtete weit ins Land hinein der aus Neon-Röhren geformte acht Meter hohe Bonner Dienstwagen-Stern, der in jedem Bundesbürger weit erhebendere Gefühle weckt als der etwas antiquierte Stern von Bethlehem.

Das Bonn-Center, das laut Informationsbroschüre »einen Hauch von Manhattan«, nach Bonn bringen soll, steht im Niemandsland der zweigeteilten Hauptstadt: im Norden die alte kurfürstliche Residenz mit Pensionären und Universität, im Süden das den Rhein entlangwuchernde Regierungs- und Diplomaten-Getto.

Anläßlich der Einweihung des Bonn-Center mit seinen Ladengeschäften, Restaurants, Bowling-Bahnen, zehn Stockwerken Luxushotel, einem Theater, einem Nachtklub usw. usw. konnte man beim Lesen der Festschrift folgenden schönen Satz auf der Zunge zergehen lassen:

»Bei der einmaligen sozialen Infrastruktur des Großraumes Bonn können bei der Einnahmekalkulation entsprechende Maßstäbe angelegt werden.«

Auf deutsch: Es ist stinkteuer. Arme Leute will man hier nicht sehen, denn theoretisch gibt es sie gar nicht. Ich überquerte deshalb unter Lebensgefahr die Adenauer-Allee, um zum Bundestag zu gelangen.

Vor dem Eingang des staatstragenden »Hohen Hauses« steht ein Zeitungs- und Andenkenkiosk. Zwischen Hochglanzpostkarten mit den gängigsten Ministerköpfen und Zierflaschen mit aufgemaltem Bundestag lag dort eine Petitionsschrift aus, die bereits viele hundert Unterschriften aufwies. Worum ging es? Die Männer und Frauen des Bundestages sowie des benachbarten Informationsamtes wollen verhindern, daß die Lotto-Annahmestelle von diesem Kiosk weg ins Bonn-Center verlegt wird. Begründung: Das Überqueren der Hauptverkehrsstraße sei lebensgefährlich und deshalb unzumutbar.

Ich habe meinen Namen sofort mit drunter gesetzt, um unseren bescheiden dotierten Staatsdienern das Lottospiel zu erleichtern und sie sicher durch die siebziger Jahre zu bringen.

Viele Diplomatenwagen fuhren vorbei, man konnte sie an den ausgesprochen boshaften Nummern erkennen, die den Fahrzeugen höheren Orts zugeteilt wurden: Null Nummer soundsoviel, also 0–45,0–83 usw.

Im Bundeshaus wurde ich sehr freundlich empfangen, bekam eine für den ganzen Tag gültige Besucherkarte, gab meinen Mantel ab und konnte mich nun völlig frei in unserer Gesetzgebungsmaschinerie bewegen.

Die Bundeshausverwaltung scheint vom Begriffsvermögen der Abgeordneten eine seltsame Vorstellung zu haben, denn der gewaltige Gummibaum in der Eingangshalle, grünes Symbol für die Dehnbarkeit aller Gesetze, war mit dem Schild versehen: »Ich bin kein Aschenbecher!« Logischerweise hätte auf den herumstehenden Aschenbechern vermerkt sein müssen: »Ich bin kein Gummibaum!« Aber soweit scheint das Unterscheidungsvermögen unserer Volksvertreter doch noch zu reichen.

Am Eingang zur Poststelle hing die Bekanntmachung: »Heute Sitzungstag im Sinne von § 3 des Diätengesetzes.« Dieses Gesetz ist sicher streng geheim, da es ja der Lebensnerv des Abgeordneten-Daseins ist.

Jeder mit dem Regieren befaßte Amtsträger stellt bekanntlich so viele Geheimakten wie möglich her. Nur so kann er sich und andere von der Wichtigkeit seiner Tätigkeit überzeugen, denn was nicht geheim ist, kann nicht wichtig sein.

In letzter Zeit häuften sich leider die Fälle, daß Geheimakten und Top-Sekrete in dunkle Geheimdienstkanäle versickerten. Man sprach von »undichten Stellen«. Eine solche Stelle fand ich an der allgemein zugänglichen Wand mit den Postfächern. Auf einem Regal lagen dort haufenweise hektografierte Mitteilungen von Interessenvertretern an Bundestagsabgeordnete. Jeder, der vorbeikam, konnte sich herausnehmen, was er wollte. Auch ich griff zu und erwischte ein Schreiben des »Verbandes deutscher nichtbundeseigener Eisenbahnen e. V.« Darin bat der Verbandspräsident unter Anführung vieler, für jeden Geheimdienst hochinteressanter technischer Einzelheiten die Abgeordneten um Ablehnung des Unfallversicherungsneuregelungsgesetzentwurfes.

Ich klemmte mir noch ein paar andere Blätter unter den Arm und sah dadurch gleich sehr dienstlich und geschäftig aus, so daß ich zwischen den emsig hin und her eilenden Geheimnisträgern gar nicht mehr auffiel.

Im Durchgang zum Restaurant hing ein Plakat mit einer Schlagzeile, die an Nürnberg denken ließ: »Es endet alles im Gerichtssaal!«

War das eine Warnung an nicht dichthaltende Ausschußmitglieder? Nein, es ging um Trunkenheit am Steuer, denn mit 1,8 Promille darf man wohl regieren, aber keinesfalls ein Kraftfahrzeug lenken.

Hinter einer zufällig offenstehenden Tür führte eine Treppe in den Keller. Die günstige Gelegenheit, die Verliese des Bundestages kennenzulernen, ließ ich mir nicht entgehen und stieg hinab. Da unten gab es eine »Ausgabestelle für Frackwäsche« (nicht für die Politiker, sondern für die Saaldiener), eine »Requisitenkammer« und ein »Fahnenlager«. Am interessantesten erschien mir die Tür mit der Aufschrift »Akten-Zerreißwolf«. Ich drückte auf die Klinke – abgeschlossen. Die Maschine war nicht in Betrieb. Vielleicht, weil man inzwischen ganz neue Wege gefunden hat, Geheimakten spurlos verschwinden zu lassen.

Überall in den Kellergängen liefen ernste, Papiere tragende Männer herum, aber nicht einer fragte, was ich hier zu suchen hätte. Waren die Herren etwa Agenten auf dem Wege zu undichten Stellen? Diese Frage kann nur die Sicherungsgruppe Bonn beantworten.

Nach einigen Umwegen stieß ich auf das »Wannenbad für Abgeordnete«. Die aufsichtführende, weißbekittelte Dame gab mir bereitwillig die überraschende Auskunft, daß SPD- und CDU-Abgeordnete dieselben Wannen benutzen, ein für manche Wähler sicher erschreckender Gedanke.

Über Gänge und Treppen gelangte ich wieder an die Oberwelt und in die große Wandelhalle vor dem Plenarsaal.

Gedämpft sprechende Herren mit Geheimnisträger-Gesichtsausdruck standen in kleinen Gruppen herum. An den feinen Unterschieden in der Körper- und Armhaltung konnte man auf eine bis zwei Besoldungsklassen genau die Rangabstufungen erkennen, vom Minister über den Staatssekretär bis hinunter zum »persönlichen Referenten«, zu dem es das Gegenstück des »unpersönlichen Referenten« bis heute offiziell nicht gibt.

Im sehr vornehm ausgestatteten Aufenthaltsraum für Journalisten war auf einem großen Tisch haufenweise Informationsmaterial ausgebreitet. Ich griff wahllos etwas heraus und hatte plötzlich ein Dokument von weltweitem Interesse in der Hand: Die noch in der Beratung befindliche »Zweite Verordnung zur Änderung der Verordnung über den Transport gefährlicher Seefrachtgüter«, ein wahrer Leckerbissen für jeden feindlichen Agenten. Da standen schwarz auf weiß die genauen Vorschriften für den Seetransport von Cyclohexanonperoxyden. Was das ist, weiß ich nicht, darüber stand nichts in der Verordnung. Man darf wohl annehmen, daß dieses Zeugs sehr leicht in die Luft fliegt, wie so vieles, womit man sich in Bonn beschäftigt.

Und dann saß ich auf der Zuschauertribüne des uns allen vom Bildschirm her vertrauten Plenarsaales, in dem gerade eine »Fragestunde« stattfand. Bei dieser Gelegenheit darf jeder Abgeordnete, der sein Wissen bereichern möchte, den zuständigen Minister oder dessen Staatssekretär etwas fragen. Die Fragen müssen ein paar Tage vorher schriftlich eingereicht werden, die Fragesteller werden dann in der Sitzung vom Präsidenten einzeln aufgerufen und dürfen ihre Frage an einem Saalmikrofon noch mal mündlich von sich geben. Die Sorgen der Bundestagsabgeordneten, die an diesem Tage auch mein Gehör fanden, drehten sich um die angeblich unzureichende Zahnarztdichte in Ballungsgebieten, um das Chaos in der Bodenseeschiffahrt und die Futtermittelpreise.

Diese Fragen hätten die Auskunft heischenden Volksvertreter ebensogut (und bedeutend schneller) mit Hilfe eines Telefonanrufes bei der zuständigen Stelle beantwortet bekommen. Aber im repräsentativen Plenarsaal mit dem Präsidenten, den Vizepräsidenten, Stenografen, Saaldienern, gefüllter Publikumstribüne und sogar einigen Abgeordneten macht es natürlich weit mehr Spaß: Man hat seinen Auftritt am Mikrofon, vielleicht sogar vor den Fernsehkameras, und man kann sich in Szene setzen.

Als ich ins Bundestags-Restaurant hinüberging, umwehte mich eine Atmosphäre, wie sie mir aus Theater- und Filmgarderoben vertraut ist. Das Wort »Schmieren-Atmosphäre« mag vielleicht etwas übertrieben klingen, aber das Gehabe der von ihrem Auftritt in die Gaststätte kommenden Politiker kam dem bedenklich nahe. Mit gut gespielter Bescheidenheit steckten sie Zurufe ein wie »So gut waren Sie noch nie!« »Großartig haben Sie es dem Minister gegeben!« »Ihre Diktion war meisterlich!«

Während ich eine Schlachtplatte aß (das Lieblingsgericht der Herren vom Verteidigungsausschuß), dröhnte es aus den Lautsprechern: »Abgeordneter X auf Zelle 3! Abgeordneter Y auf Zelle 5!« Im ersten Augenblick glaubte ich an eine Verhaftungswelle, merkte dann aber, daß die ehrenwerten Herren zu Ferngesprächen in die gepolsterten Zellen gebeten wurden.

Bei eisigem Ostwind legte ich die »Abgeordneten-Rennstrecke« zwischen dem Bundeshaus und dem neuen, dreißig Etagen hohen Büro-Silo der Volksvertreter in knapp fünf Minuten zurück. Sportliche Abgeordnete drückten den Rekord schon auf drei Minuten zwanzig Sekunden, und das bis zu zwanzigmal täglich.

Die Drehtür des wegen seiner eigenwilligen Klimaanlage auch »Grippe-Bunker« genannten Hochhauses besteht aus vier großen Glasscheiben, von denen man leicht eine übersieht. Ich holte mir eine buntschillernde Stirnbeule und erfuhr dann, daß diese Scheiben schon so manchem Abgeordneten eine fruchtbare Idee aus dem Kopf geschlagen haben.

In der pompösen Eingangshalle stand ich staunend vor einer Anlage, die wie das Kontrollzentrum eines Mondfluges aussah. Es war die Portierloge mit kreisförmig angeordneten Schalttafeln, auf denen hysterisch flackernde Lämpchen die blitzschnell wechselnden Standorte der sechzehn Fahrstühle zur Bodenstation meldeten.

Von diesen vollautomatischen, selbstdenkenden Aufzügen werden viele wichtige politische Entscheidungen gefällt: Wenn nämlich die Alarmglocke zur Abstimmung ins Plenum ruft, die Abgeordneten in allen dreißig Stockwerken zu den Fahrstühlen spurten und auf jeder Etage sechzehn Knöpfe drücken, schnappen sie über, die Fahrstühle. Einige bleiben stecken, andere sausen planlos in den höheren Regionen auf und ab, ohne das rettende Parterre zu erreichen. So manches Abstimmungsergebnis sähe anders aus, wenn die Fahrstühle nicht feste mitmischten und immer wieder Abgeordnete an der Stimmabgabe hinderten.

Alles in allem: Der Architekt des »Grippe-Bunkers« kann froh sein, daß wir in einer Demokratie leben. Im Osten wäre er längst zum Straßenbau nach Sibirien abkommandiert.

Im Dachrestaurant mit herrlichem Blick auf die über Bonn liegende Dunstglocke aus rheinischen Abgasen und rußgeschwängertem Bodennebel machte ich die Bekanntschaft einer Dame, die wie keine andere über das Gesellschaftsleben unserer Bundesmetropole Bescheid weiß: Klatschspalten-Kolumnistin Evi Keil, eine üppige Blondine, an der die unzähligen diplomatischen Sektfrühstücke und Cocktailpartys nicht ganz spurlos vorübergegangen sind. Täglich nimmt sie im Auftrag einer Bonner Tageszeitung an einem halben Dutzend solcher Empfänge teil.

Wie gebannt hing ich an ihren Lippen, aus denen heraussprudelte, daß es nur einen einzigen Rolls-Royce in Bonn gibt, daß eine amerikanische Botschaftersgattin von früh bis spät Rheinlandschaften auf Sofakissen stickt, daß ein italienischer Botschafter per Zeitungsanzeige jede Menge Mist sucht, um in seinem exterritorialen Garten kunstdüngerfreies Gemüse großzuziehen, und daß im Schlemmerlokal »Maternus« der Ria

Auf Bonns Stehempfängen hat jeder mit dem Problem zu kämpfen, womit man sein Glas halten soll, wenn beide Hände zum Essen benötigt werden. Die links im Bild gezeigte, völlig neue Methode erfordert gutes Stehvermögen und einen ausgeprägten Gleichgewichtssinn. Das

Alzen das Schlageridol Udo Jürgens der Kanzlergattin Rut Brandt verliebt das Händchen gehalten haben soll.

Wer wagt da noch zu behaupten, in Bonn sei nichts los?

Die tagtäglich auf diplomatischem Parkett herumsegelnde Kollegin, die ihren Tag ziemlich spät, aber mit einem Sektfrühstück auf irgendeinem Empfang beginnt, entwickelte mir ihren durchaus ernstgemeinten

Paar in der Mitte hält sich an die klassische Methode: Ein Partner hält die zwei Teller und füttert den anderen, der solange die Gläser hält. Der Herr rechts hat das große Glück, eine Partnerin mit der idealen Steh-Buffet-Figur zu besitzen oder angetroffen zu haben.

Plan, wie man die morgens meist sehr schlechte Laune des Bundesbürgers zum Besseren wenden könnte. Nach ihren Erfahrungen wirkt Champagner am Morgen wahre Wunder. Deshalb schlug sie vor, jeder Bürger solle zum Frühstück zwei bis drei Glas Sekt trinken, in Amtsstuben auf Staatskosten, und schon wären alle nett zueinander.

Dieser Evi-Keil-Plan ist natürlich nur aus der Bonner Wohlstands-Perspektive zu verstehen, hat aber viel für sich. Weltweit läßt er sich, so wünschenswert es wäre, kaum durchführen, weil Sekt auf leeren Magen nicht bekömmlich ist.

In Bonn haben sich die morgendlichen Sektfrühstükke jedenfalls sehr bewährt. Über hundert Botschaften, doppelt soviele Interessenvertretungen und noch mehr höhere Dienststellen laden sich pausenlos gegenseitig zu Steh-Empfängen ein. Das veranlaßte einen Botschafter zu dem Bonmot: »Diplomaten müssen die Eigenschaften eines Pferdes haben: Gutes Stehvermögen und einen noch besseren Magen.«

Bei Evis prickelnden Erzählungen kam in mir neben einigem anderen der Wunsch hoch, einmal an so einer exklusiven Diplomaten-Geselligkeit teilzunehmen. Die parketterfahrene Kollegin verriet mir, wo an diesem Spätnachmittag Cocktailempfänge stattfanden.

»Niemand wird Sie nach der Einladungskarte fragen, denn das könnte als Beleidigung ausgelegt werden. Kein Mensch kann hier alle kennen, die er im Laufe des Jahres kennenlernte.«

Nach dem Anlegen korrekter Kleidung drang ich mühelos in vier Empfänge der hohen Diplomatie ein. Im Foyer begrüßte mich der jeweilige Gastgeber, dem ich ein ergebenes »Exzellenz!« und einen Dank für die Einladung entgegenmurmelte, um dann zu vermelden, daß es draußen schneite. Exzellenz bestätigten das und entließen mich in das Gedränge der dicht an dicht mit Cocktailgläsern herumstehenden Gäste, die aus Geheimhaltungsgründen auch nur über das Wetter und ähnlich unverdächtige Themen sprachen.

Ich labte mich an mehreren Büffets, lernte die Abstreifgabel geschickt bedienen und bekam von einem veritablen deutschen Staatssekretär den Trick verraten, wie man sich der Zahnstocher entledigt, die in den überall herumgereichten Appetithäppchen stecken. Man kann sie unmöglich auf die noch gefüllten Tabletts zurücklegen und läßt sie deshalb entweder im Umschlag der Hose verschwinden oder in die obere Jackentasche, die man vorsorglich mit einem Platikfutter ausstattete. Beim Weggehen leert man diese Behältnisse auf den exterritorialen Rasen oder das Straßenpflaster, das vor Botschaften mit solchen Zahnstochern übersät ist.

Ich möchte mich an dieser Stelle bei Seiner Exzellenz dem Botschafter von Mauretanien entschuldigen, in dessen Cocktailempfang ich ungeladen und schon leicht animiert hineinsegelte und den hohen Diplomaten in einem Zustand leichter Verwirrung mit »Monsieur« anstatt mit »Mon Excellence« anredete. Trotzdem durfte ich die exquisite Gastlichkeit seines Landes genießen, lernte nette Leute kennen und wurde binnen kurzem zu einem Freund Mauretaniens, was ja der Zweck der Veranstaltung war.

In Bonn braucht niemand zu hungern und zu dürsten, solange er einen dunklen Anzug besitzt. Irgendwo gibt es immer Sekt und belegte Brötchen oder gar Kaviar.

Als ich voller Eindrücke, Häppchen und Getränke zum Hotel fuhr, ertönte aus dem Lautsprecher des Funk-Taxis der interessante Hinweis: »Ecke Kaiserplatz und Martinstraße steht eine Dame.« Rollten jetzt etwa alle Taxis, die abenteuersuchende Herren geladen hatten, dorthin? Der Fahrer klärte mich auf: »Was Sie meinen, steht in Bonn nicht mehr auf der Straße – wir haben ein Eros-Center.«

Das muß man gesehen haben.

Bonns Bienenhaus steht ausgerechnet an der Immenburgstraße zwischen dem Schlachthof und den städtischen Verkehrsbetrieben.

Ein langer, weißgekachelter Gang, der an Bahnhofstoiletten erinnert, führt zum infrarotbeheizten Kontakthof, auf dem ein großes Schild um Ruhe bittet. Freistehende Zwischenwände, in deren Schatten bilaterale Verhandlungen geführt werden können, geben dem Ganzen einen Anschein von Diskretion. Dieser Schein trügt aber, wie ein Blick nach oben beweist: Dort hängen im Halbdunkel drei Fernsehkameras, über die der Konzessionsinhaber und wahrscheinlich auch ein Herr vom Verfassungsschutz die Kontaktaufnahme beobachten. So fortschrittlich ist Bonn.

Die emsige Kontaktpflege spielt in unserer Bundeshauptstadt eine entscheidende Rolle und hält das Bonner Party-Karussell in Bewegung. Ganz Bonn ist, wenn ich so sagen darf, ein 25 Kilometer langer Kontakthof. Nicht ohne Grund prägte ein Mitglied der britischen Botschaft das Bonmot: »Die Diplomatie ist das zweitälteste Gewerbe der Welt, und ihr Ruf ist nicht viel besser als der des ältesten.«

Am nächsten Abend besuchte ich das glanzvolle Fest des drittältesten Gewerbes der Welt, der berufsmäßigen Nachrichten-Vermittler. Der von Bonns Journalisten veranstaltete »Presseball« gilt in der ganzen Bundesrepublik als das Fest der Feste. Zweitausend namentlich eingeladene Gäste der allerhöchsten Society pflegen hier Kontakte.

Schon in der Garderobe bot sich mir ein imposanter Anblick: An jedem Haken hingen über kostbaren Pelzen billige, ausgebeulte Plastik-Tragetaschen. Darin hatten die Großen und Schwerreichen unseres Landes die Damen- und Herren-Spenden verstaut, die von rührigen Firmen im Foyer verteilt wurden.

Vor dem Eingang zum Festsaal hatte man ein kaltes Büfett aufgebaut, das selbst für Bonner Verhältnisse ungeheuerlich war. Zentnerweise aufgeschnittenes Roastbeef, Braten, Rehrücken, Truthähne, kunstvoll dekorierte Platten, Batterien geöffneter Austern, das Ganze mit Preisschildern versehen und gekrönt von einem überlebensgroßen, aus feinstem Rindertalg geformten Astronauten, der eine amerikanische Flagge schwenkte. Etwas weiter ragte eine drei Meter hohe Saturn-Rakete aus Margarine zur Decke.

Beim Betreten des Ballsaales bot sich mir ein Anblick, der den wochenlangen Kampf um eine Eintrittskarte wert war: Auf fast jedem Quadratmeter des Tanzparketts bewegte sich eine Mattscheiben-Berühmtheit. Das Überraschende war, daß die vom Bildschirm so vertrauten Politiker und Kommentatoren alle viel kleiner sind als man glaubt. Zu den Kleinsten gehörte der große »Spiegel«-Chef Rudolf Augstein. Er legte eine Art Veitstanz aufs Parkett, der nicht nur seine Feinde, sondern auch seine Freunde erschauern ließ.

Die Großen unseres Landes tanzten ohne Hintergedanken nach den Pfeifen und Saxofonen einer US-Army-Band, die sich für dieses Fest kostenlos zur Verfügung gestellt hatte und auch so klang.

Modische Extravaganzen waren nicht zu sehen, da nur legitime Gattinnen mitgeführt wurden. Bonn ist solide. Eine einzige Dame trug ein Dekolleté bis zum Nabel und zog viele scharfe Seitenblicke auf ihren freitragenden Busen, wurde aber allgemein als Fremdkörper empfunden.

Als bei der mitternächtlichen Tombola-Auslosung die Endnummern der gewinnenden Eintrittskarten aus der Lostrommel gezogen wurden, rief der Sprecher (ohne witzig sein zu wollen) ins Mikrofon: »Alle Nullen im Saal können sich einen Trostpreis abholen!« Da sah ich Bundespräsident Heinemann hintergründig lächeln.

In den Nebenräumen heizten Beat-Bands die Stimmung immer wieder mit dem »Kasatschok« an, einem russischen Volkstanz. Deutsche Minister, Staatssekretäre und Diplomaten tanzten begeistert russisch, mit verschränkten Armen und die Beine nach Kosakenart wild um sich werfend. Man darf wohl annehmen, daß sich im nahen Rhöndorf unser Altkanzler wie ein Ventilator im Grabe drehte.

Als ich gegen drei Uhr morgens an dem Superbüfett mit den großen Preisschildern vorbeikam, war es noch fast unberührt. In Bonn ist man eben nicht gewohnt, daß es am kalten Büfett was kostet.

Einige hundert geöffnete Austern wurden wahrscheinlich mittels Kaltleim wieder zugeklebt und den Cocktailpartys des nächsten Tages angeliefert, ebenso wie die im Scheinwerferlicht ausgedörrten Roastbeefscheiben und verwelkten Truthahnbrüste. Deshalb verließ ich unsere unheimliche Bundeshauptstadt schnellstens, um in die heimliche Hauptstadt München zurückzukehren. Beim Besteigen des Zuges ertappte ich mich bei einem seltsamen Gefühl: Ich war stolz, hier auf dem Bonner Hauptbahnhof zuzusteigen, denn die Mitreisenden konnten denken, ich gehörte dazu.

Darum: Bundesbürger, besucht Bonn!